U0717773

学衡尔雅文库

主编　孙江

学术委员会

主　　任　张凤阳

委　　员　（按姓氏音序排列）

陈　恒　陈力卫　方维规　韩东育　黄东兰

黄克武　黄兴涛　刘建辉　罗志田　麻国庆

马　敏　桑　兵　沈国威　孙　江　王中忱

杨念群　张宝明　张凤阳　章　清

主　　编　孙　江

副 主 编　李里峰　李恭忠

编辑助理　王　楠　王瀚浩

南京大学文科"双一流"专项经费资助

王东杰 著

国语

National Language

江苏人民出版社

图书在版编目(CIP)数据

国语/王东杰著.--南京:江苏人民出版社,
2023.1(2023.7 重印)
(学衡尔雅文库/孙江主编)
ISBN 978-7-214-25759-8

Ⅰ.①国… Ⅱ.①王… Ⅲ.①汉语史-研究-近代
Ⅳ.①H1-09

中国版本图书馆 CIP 数据核字(2022)第 028323 号

书　　　名　国　语
著　　　者　王东杰
责 任 编 辑　汪思琪
装 帧 设 计　刘　俊
责 任 监 制　王　娟
出 版 发 行　江苏人民出版社
地　　　址　南京市湖南路 1 号 A 楼,邮编:210009
照　　　排　江苏凤凰制版有限公司
印　　　刷　南京爱德印刷有限公司
开　　　本　850 毫米×1168 毫米　1/32
印　　　张　5.5　插页 6
字　　　数　106 千字
版　　　次　2023 年 1 月第 1 版
印　　　次　2023 年 7 月第 2 次印刷
标 准 书 号　ISBN 978-7-214-25759-8
定　　　价　36.00 元

(江苏人民出版社图书凡印装错误可向承印厂调换)

　　回看百年前的中国,在 20 世纪之初的十年间,汉语世界曾涌现出成百上千的新词语和新概念。有的裔出古籍,旧词新意;有的别途另创,新词新意。有些表征现代国家,有些融入日常生活。

　　本文库名为"学衡尔雅文库"。"学衡"二字,借自 1922 年所创《学衡》杂志英译名 "Critical Review"(批评性评论);"尔雅"二字,取其近乎雅言之意。

　　本文库旨在梳理影响近现代历史进程的重要词语和概念,呈现由词语和概念所构建的现代,探究过往,前瞻未来,为深化中国的人文社会科学研究提供一块基石。

目录

引言

民族主义是形塑近代世界的主要动力之一。然而，使得一个民族成为民族的要素是什么？学界一向莫衷一是。语言是其中一个常常被人们提到的因素：尽管在事实上，民族和语言之间并无必然的对应关系，但在理论上，语言往往被视为确立民族边界的主要标志和抟聚民族认同的核心内容。一个民族国家的建立，不仅意味着政治版图的变化，通常也伴随着语言版图的变化。那些在此之前只存在松散连接的族群，要想成为一个真正的民族，建立起属于自己的民族国家，就必须首先统一他们的语言——各种彼此歧异的方言势必影响人们之间的沟通、合作，也不利于唤醒/创造"我们是一个"的共同感。① 制造统一的民族语言的运动，即所谓"国语运动"。它或者是将某一既存的强势方言提升为整个民族（国家）的标准语或共

---

① 参看顾颉刚《中华民族是一个》，载《宝树园文存》第 4 卷，中华书局 2011 年版。

通语，或者是在其语言传统的基础上重新创造一种新的语言。作为一个普世性的现象，国语运动几乎是每一个民族国家在转型过程中都不同程度经历过的。

中国的国语运动从晚清开始，历经民国时期，直到 20 世纪 50 年代中期，才被推广普通话运动所代替（但在另外一种意义上，推广普通话运动亦可视为国语运动的延伸）。这本小书的目的是从（广义的）概念史角度对此运动做一简单梳理。不过，本书并不准备以叙事为主要手段，而是采取问题导向方式，对国语运动中几个彼此相关的重要议题加以深入剖析，以图多方位呈现国语运动的整体面目。在结构上，本书前两章分别简述国语的概念史和国语运动的推行史，第三至第七章则是专题史的讨论。我希望借此小书，从语言这样一个特殊侧面，深化我们对中国近代民族主义和民族国家建设的省思。不过，因为篇幅的限制，许多话题在这里只能点到为止。更详细的讨论，可以参看我的《声入心通：国语运动与现代中国》一书。

第一章

作为概念的国语

"国语"二字本是中文固有，但我们今天所习用的"国语"，却是19世纪末从日语引入、20世纪初开始在中国流行起来的一个新词汇。古今"国语"二字，形式如一，而内涵不同——这一点下文还要具体讲到。此处想指出的是，人们通常认为，现代的国语是由明清时期的官话演变而来的，到了20世纪50年代中期以后，又被普通话所取代。"官话""国语""普通话"，所指（大致）相同，只是不同时代通行的不同称呼而已。这么说当然不无道理，但仔细考察也可以发现，它们在语义上存在着诸多微妙差别。这种差别不能只归结于不同时代表述习惯的不同。从社会文化发展的脉络看，其背后隐藏着更为重要的历史信息。

　　20世纪中国人使用的"国语"一词，内涵相当复杂。从我所阅读的文献来看，以吕叔湘在1944年的一段总结最为简洁而全面。他将"国语"区分为三个层次：首先，"相当于'中国语'，别于外国语而言"；其次，"等于'标准语'，别于其他方言而言";最后,小学教育中的科目——"国语",实即语体文或白话文。① 这里暂且不讲白话文的问题,仅从前两个义项看,"国语"和"官话"的差别是显而易见的:第一,"官话"的主要区分对象是"方言"(此处的"方言"取其现代意义,下同。 具体论述参考本书第六章),而非"外国语"。 第二,同是与"方言"相对,"国语"是"标准语","官话"最多却只可说是"共通语",而不是严格意义上的"标准语";换言之,"国语"的标准是唯一的,"官话"则更为多元。

尽管有些学者认为,明清两代朝廷都公布有官话标准,在明代是《洪武正韵》及其修订本、《韵会定正》,在清代是《康熙字典》和《音韵阐微》。 不过,论者也承认,这些标准"仅仅被停留在理论上",人们所依循的实际是"自然的'社会约定性'"。② 《洪武正韵》等是否可以看作语音标准,容有进一步讨论的余地,但即便如此,也可以看出,所谓"官话"乃是自然形成的共通语,更恰当地,不如说是一组语言的共名。 现代语言学家一般把官话分为北方官话、南方官话、西南官话三大系统;每一系统内部又可做进一步区分,如北方官话就包括了华北官话、西北官话等。 在各种官话中,北京官话和南京官话分别被视为北方官话和南方官话的代表语言(注意不是标准语

---

① 吕叔湘:《文言和白话》,载《吕叔湘文集》第4卷,北京:商务印书馆1992年版,第84页。
② 陈辉:《从泰西、海东文献看明清官话之嬗变——以语音为中心》,北京:中国社会科学出版社2015年版,第269—270页。

言）。此外，在更为日常的认知中，各个地区也多会有自己的
"官话"。因此，虽然都号称"官话"，但任意两种官话之间的
差异可能是非常大的。钱玄同曾说："官话虽然号称普通话，
通行的区域很广，然而夷考其实，是全无标准的。我们简直可
以说，凡官话都是'蓝青官话'。"①这是不错的。官话既有一
定的共通性，又有很强的地区差异性。故时人对于什么才是真
正的"官话"，见解非常不同。"国语"就不一样：其语音、语
法标准都是唯一的，可以区分"正确"与否；语汇的使用当然
要灵便得多，而且时时处于变动之中，但大体标准仍是可以确
定的。

第三，在应用范围上，官话和国语也不相同。中国历来重
视文字而相对轻视语言（参看第七章），在语音标准方面这一
点也有所体现：在近代之前，比确立标准语更重要的是"正
字"和"正音"，二者都围绕文字展开；前者注意的是字形，后
者注意的是字音。比如，张之洞任四川学政时所著《輶轩语》
中就有"读经宜正音读"一条，云："古时九州语言不同，而诵
诗读书同归正读。"②说得很清楚，他所谓的"正音"针对的只
是读书，不管口语。这代表了官方的普遍态度。而读书音实
际上也没有统一的标准，各地的读书音都受到本地方音的影

---

① 钱玄同：《〈吴歌甲集〉序》，载《钱玄同文集》第 3 卷，北京：中国人民大学
出版社 1999 年版，第 366 页。
② 张之洞：《輶轩语》，载《张之洞全集》第 12 册，石家庄：河北人民出版社 1998
年版，第 9780 页。

响。不过，也因为有《音韵阐微》一类"正读"标准的控制，各地读书音多少呈现出一种向心性，彼此能够接近。至于现代所谓"国语"，则除了要求"读书音"一致外，还特别地要求"口语音"的一致。

学者讨论中国国语运动的"前史"，往往会提到清雍正六年（1728）八月六日的一份上谕："凡官员有莅民之责，其语言必使人人共晓，然后可以通达民情，熟悉地方事宜，而办理无误。"但福建、广东两省之人讲话多有乡音，难以通晓，以致"上下之情，扞格不通，其为不便实甚"。[1] 为此，雍正皇帝要求闽、粤两省设立专门的正音书馆，"以八年为限，举人、生员、贡监、童生不谙官话者，不准送试"[2]。这是一份非常重要的文件，表现出一定的"语言统一"意识，不过，它离现代的"国语"意识仍然距离甚远：首先，这份上谕所针对的主要是官员士子，而非普通民众。其次，除了广东、福建之外，其他地区也没有类似的建制。这和理论上应是全国人民皆应掌握的国语（即使不会说，至少也要能懂），性质完全不同。最后，其施行效果也不佳，实际上是不了了之。

第四，官话与国语在学习形式和学习渠道方面也有很大差异。一般来说，官话是通过人和人的交往而自然习得的。比

---

[1] 中国第一历史档案馆编：《雍正朝汉文谕旨汇编》第7册，桂林：广西师范大学出版社1999年版，第287页。

[2] 俞正燮：《癸巳存稿》，载《俞正燮全集》第2册，合肥：黄山书社2005年版，第369页。

如，晚清浙籍退职官员孙锵鸣 1887 年写信给远在京城的两个儿
子，教他们怎样学官话：添用几个北方的仆人，听得多了，再
大胆开口，"官音自然说熟"，即使带些地方口音也不妨
事。① 自幼生长于北京的孙宝瑄也说，自己的北京话是从小与
"家中所用北方女姆"相处，"熏习而来"。② 此外，看小说、
听京戏，也都是学官话的渠道。 国语则自一开始就成为学校教
育的一部分。 1904 年，陈独秀以"三爱"为笔名发表的一篇文
章说，即使是本国话，"也要到学堂里去学"。 中国方言繁杂，
没有国语教育，将国不成国。③ 这和自然习得官话的过程，相
去甚远。

　　第五，官话和国语有一个更为实质性的差异，就体现在
"国"这个字上。 1935 年 2 月，北平市社会局局长在无线电台
一次宣扬国语教育的演讲中提到，所谓国语，"就是普通所说的
官话"，惟"国语的意义更深远，范围更广大罢了！""语字上
加了一个国字"，便"明明白白"地"限制出使用的地方"，即
限于一国之内。 更重要的一点是，"单提国语二字，意义还不
算十分明白，必须说这是我们中华民国的国语，方能与世界上
一切国家，分别清楚"。 故"国语"二字，"和国教、国防、国

---

① 孙锵鸣：《谕孙诒泽书》，载《孙锵鸣集》，上海：上海社会科学院出版社 2003
　年版，第 303—304 页。
② 孙宝瑄日记（1902 年 11 月 6 日），载《忘山庐日记》上册，上海：上海古籍出
　版社 1983 年版，第 588 页。
③ 三爱（陈独秀）：《国语教育》，载《安徽俗话报》第 3 期（1904 年 5 月 15
　日），北京：人民出版社 1983 年影印本，第 19 页。

都、国货的标题一样",重在对内统一、对外区隔。在这种意义上,国语教育或可比作"国防教育";这二者"性质有点近似,不过一个是对内的工作,一个是对外的工作罢了"。一句话,国语的核心是"国":"国语的建设,是以国家为前提的。"①

这一段提示我们,官话和国语的根本差异,需要从这两个概念所产生的历史条件中寻找。传统意义上的所谓官话,主要通行于官员、士子、商人阶层中,多少具有区分不同社会群体的功能;作为各地人们通过长期交往自然习得的语言,它也无须经过国家权力机关的认可。国语却根植于一种民族主义的冲动,具有服务于"民族国家"建设的明确自觉(用陈独秀的话说,它的目的是要使中国成为一个"国"),其区别功能主要在对外一面,至于对内,则重在统一:它所设定的主体是全体国民,而非社会上的某一部分人。正是这一特点决定了"国语"首先是一个政治性的概念,而不是一个单纯的语言学概念。也正因此,和官话的"自然性"不同,国语必须经过相关政府部门正式颁布,带有很强的规划色彩。

因此,官话虽为国语提供了一个语言基础,但从前者到后者的转换并不像表面看起来那样自然。清末一位作者就说,我国之国语乃"从新建立者",即应选聘专家,择其适当,确定

---

① 《国语教育讲演稿》(1935年2月13日),未署名,北京市档案馆藏民国时期北平市政府社会局档案,档案号:J2-3-00302。

"正音"。① 所谓"从新建立",那就是不承认国语乃官话的延续或变身。 1913 年,教育部召开了读音统一会,以分省投票的方式,审定出中国历史上第一套国音标准(参看第四章)。但这套标准是"东取一点,西取一点"构成的,远离包括北京话在内的各种实际的口语方言,被批评为"空中楼阁"。② 读音统一会会员王璞在 1919 年专门录制了一套国音留声机片,更被胡适嘲笑为"外国人说的中国话!"③这还只是就语音层面讲,至于语法、语汇层面,国语就更可说是一件新生事物。

从历史社会学角度看,官话与国语之间的关系,可借英国学者安东尼・史密斯(Anthony D. Smith)对"民族"(nation)和"族群"(ethnic group)所做的区分来理解。 根据他的界定:族群是历史上自然形成的群体,"通常没有政治目标,并且在很多情况下没有公共文化",只是拥有"某些共同的文化因素"。 但对于民族来说,"公共文化"却是一个"关键特征"。 因此,某些族群"为了立志成为民族并被承认为民族",必须要发展出一套自己的"公共文化"。 同时,民族和族群在历史记忆方面也存在差别:"族群拥有各种记忆传统,而民族则拥有成文的和标准的民族历史。"它们的另一差异体现

① 《论统一国语之方法》,载《大公报》1910 年 11 月 30 日,第 6 页。
② 国人:《国音国语的讨论》,载《时事新报・学灯》1921 年 6 月 15 日,第 4 张第 1 版。
③ 胡适日记(1921 年 6 月 9 日),载《胡适日记全编》第 3 册,合肥:安徽教育出版社 2001 年版,第 309 页。

在一体化程度方面：族群具有"某种程度的团结"，民族的"所有成员"都"生活在单一经济之中，并且有着同样的权利和义务"。[①] 这段话里，"立志成为"四字是非常关键的表述，体现出一种对"公共文化"的自觉追求；而在"族群"意义上成立的"公共文化"，则更像是一种"自然"演化的结果，而且并非必要成分。由此标准看来，官话虽具"公共"向度，但既谈不上"标准化"，也不针对"所有成员"；国语则是一群人"立志成为民族并被承认为民族"而自觉建设的"公共文化"的一部分，为全体成员所共享。

这些差别在在显示："国语"一名指向的是一个特殊的政治目标。这一点，从它与另一个"国语"的语义比较中也可看出。据顾炎武的研究，语言学意义上使用的"国语"一词起自北朝："后魏初定中原，军容号令皆本国语。后染华俗，多不通，故录其本国相传教习，谓之国语。"此后，辽、金、元等非汉人政权均沿用了这个概念，指称其本族语。[②] 在清代的大部分时间里，"国语"都特指满语。所谓"国语骑射"，被视为满人维持身份自觉的主要表征。这和现代使用的"国语"一词，在形貌上虽一般无二，内涵上却大相径庭。其所谓"国"，正如"国朝"之"国"，主要指"朝廷"而言，且又特别地与统治者所属的族群连在一起。近代的"国语"概念，则是和"国

---

① ［英］安东尼·史密斯：《民族主义：理论，意识形态，历史》，叶江译，上海：上海人民出版社 2006 年版，第 12—14 页。
② 黄汝成：《日知录集释》，长沙：岳麓书社 1994 年版，第 1036 页。

家""国际""国民"等新兴政治术语一起,在 19 世纪晚期,经由《时务报》从日语引入的。① 它所说的"国",是指由领土、人民、主权三要素构成的政治共同体。 因此,虽然这两者都叫"国语",实际却是两个完全不同的词汇。

如前所述,在中国传统观念中,说话是一个自然习得的过程,无须专门修习。 相对于言语,文字和文章才是人们关注的焦点。 这一情况在 20 世纪初开始转变。 随着新政与预备立宪运动的展开,民族主义思潮的高涨,国语统一和国语教育问题开始被提上日程。 光绪二十九年十一月二十六日(1904 年 1 月 13 日)颁布的《奏定高等小学堂章程》《奏定初级师范学堂章程》都规定学生应学习"通行之官话",俾"全国人民语言合一"。② 这是清廷首次正式揭橥语言统一观念,其使用的术语还是"官话"——很显然,处于转型过程中的人们"下意识"地将"官话"和"国语"连接在了一起。 宣统元年(1909)春,学部在奏报的分年筹备立宪事宜清单中宣布:宣统二年(1910)编订官话课本,并于宣统三年(1911)颁布。 宣统五年(1913),所有府、直隶州、厅初级师范学堂及中小学堂都应兼习官话。③ 但就在同一年,学部尚书荣庆提议,学堂应"添

① 沈国威:《近代中日词汇交流研究:汉字新词的创制、容受与共享》,北京:中华书局 2010 年版,第 395 页。
② 《奏定高等小学堂章程》(1904 年 1 月 13 日)、《奏定初级师范学堂章程》(1904 年 1 月 13 日),载璩鑫圭、唐良炎编《中国近代教育史资料汇编·学制演变》,上海:上海教育出版社 1991 年版,第 315—325、403—418 页。
③ 《学部分年筹备事宜清单》,载《申报》1909 年 5 月 3 日,第 4 张第 2 版。

设国语一科", 通饬各地"设立官话研究所"。① 这个时候, 新式的"国语"概念已经开始向官方层面渗透了, 但其作为正式的术语尚未完全取代"官话"。

筹备立宪事宜清单中使用的"官话"一词受到了许多严厉批评。 1910 年, 名学者江谦等在资政院强调: "官话之称, 名义无当。 话属之官, 则农工商兵, 非所宜习, 非所以示普及之意, 正统一之名。"他建议将"官话课本"改名"国语读本"。② 其实, 在传统表述中, "官话"之"官", 并不是特指官员或官府, 而是具有"公"的意味。 但其时立宪思潮勃兴, "民权"至上的观念方兴未艾、如日中天, 官话既以"官"称, 听起来便很不"正确", 难以为人所喜(参看第四章)。 故朝廷从善如流, 很快采纳江谦等人的建议。 宣统二年底(1911 年初), 预备立宪期限缩短, 学部在改订筹备事宜清单中提出, 宣统三年(1911)"设立国语调查所, 颁布国语课本", 宣统四年(1912)"通行各省师范学堂, 试办教授国语"。③ "官话"一律被改称"国语"。

这样, 仅在短短数年时间里, "国语"一词就确立了它的权威地位。 其中包含两个层面的变化, 一是在正式场合中, "国语"的说法取代了"官话"的称呼; 二是"国语"的所指从

---

① 《教育普及自划一语言始》, 载《大公报》1909 年 9 月 30 日, 第 2 张第 1 版。
② 江谦: 《质问学部分年筹办国语教育说帖》, 载本社编《清末文字改革文集》, 北京: 文字改革出版社 1958 年版, 第 117 页。
③ 《学部改订筹备教育之纲要》, 载《申报》1911 年 2 月 13 日, 第 1 张第 4 版。

满语转移到了汉语。 而这背后的动力显然来自其时刚刚引入的新的国家理念：代表国家的不是皇帝和官员，而是国民。

由此可见，"国语"一词的语义变迁不能只从语言学学理本身来加以说明。 它在一个更加广阔的政治、社会、文化语境下发生，是其间诸多历史因素综合互动的结果。 这一变化又不仅仅是"国语"这个词汇的变化，也是它所指涉的对象——中国语言文字（主要是汉语汉字）——作为近代整体性变迁的一部分所发生的变化。 这一嬗变以语言民族主义为导向，广泛涉及语音、语词、语法、文字、文体等各个层面，构成了一场以国语为中心的运动，有力推动了国语的形成。 需要说明的是，国语运动并不等同于国语推广运动——推广国语只是其中一项内容（虽然是极为重要的内容），国语运动本身涉及的面要宽广许多，提示出了国语产生与发展的复杂脉络。 这一点，将在下一章加以较为详细的论述。

第二章

国语运动简史

"国语"和"国语运动"是两个不可分的概念。 在某种程度上甚至可以说，国语正是国语运动的结果。 为此，本章将先对国语运动的发展过程做一简单勾勒。

　　作为民族主义序列中的后来者，中国的国语运动是受到西方和日本的刺激和启发而兴起的。 其中，尤以日本的影响最为直接。 尽管早在19世纪晚期，语言、文字在国家富强运动中的角色已经引发了一些趋新士人的关注，但直到20世纪初期，举国掀起学习日本的热潮，语言文字革新问题才吸引了更多人的关注。 1902年，德高望重的桐城派巨子吴汝纶受管学大臣张百熙的委托，前往日本考察教育。 在那里，一向热心于维新事业的吴汝纶首次意识到语言统一在国家建设工程中的重要性。 日本教育家伊泽修二等人提醒他，国语教育是"养成国民爱国心"的工具。 但吴汝纶认为，新式学堂本已课业繁重，添加国语只能加重师生的教、学负担。 对此，伊泽果断地回答："宁弃他科而增国语。"经过伊泽的反复解释，吴汝纶终于茅塞顿开："语

言之急宜统一，诚深切著明矣。 敝国知之者少，尚视为不急之
务，尤恐习之者大费时日也。"四天之后，他写信给张百熙，大
谈"一国之民，不可使语音参差不通，此为国民团体最要之
义"的道理。① 显然，吴汝纶已经成功地被说服了——事实
上，这可能是吴汝纶考察日本教育最为重要的成果之一。

不过，和其他国家相比，中国的国语运动也具有一些不同
寻常的特质：一般的国语运动都聚焦于"语"的层面，以统一
语言、推行标准语作为主要目标，但在中国，有两个因素使得
问题变得复杂起来。 一方面，汉字和汉语在历史上相互制约、
相互影响，形成了密不可分的共生关系；另一方面，汉字属于
表意文字，与世界上绝大多数（表音系统）文字的性质大不相
同。 这使得中国的国语运动成为一种双焦点运动：尽管它试图
将方块汉字改为拼音文字，在主观上表达出"语音中心主义"
的倾向；但在事实上，它不得不一边紧盯语言，一边紧盯文
字，同时在这两个因素的作用下展开。

当然，文字改革的问题，在原属"汉字文化圈"的日本、
朝鲜（韩国）、越南等国家的国语运动中也都不同程度地存在
着。 但对于他们来说，汉字只是一种外来的记录符号，与其语
言之间并无本质性的关联照应；不像汉语和汉字，根本就是一
体之两面，俱损俱荣，难以分割。 不过，国语运动的参与者对

---

① 吴汝纶：《东游丛录》《与张尚书书》，载《吴汝纶全集》第 3 册，合肥：黄山书
社 2002 年版，第 797—798、435—436 页。

此并无深刻认识；相反，他们中的许多人，正是把汉语和汉字视为两个虽然相关却可以离析的议题——这一点可以从他们试图将汉字"拼音化"的努力中看出。不过，这一努力也恰好意味着，语言改革势必要牵动文字、书写等问题，绝不是仅仅盯着语言就能解决的。

在这个意义上，"国语运动"就相当于"中国近代语言文字改革"的同义语。20世纪30年代初，国语运动的主将钱玄同曾将国语运动的目标总结为四个方面："统一国语""研究方言""制造音字""改古文为白话文"。① 抗战期间，国语运动的官方负责人吴稚晖、黎锦熙等更进一步提出，国语教育具有四大"根本方针"："国语统一""言文一致""利用国音注音符号，以补助汉字之教学""利用方音注音符号，以推动国民教育及边胞教育之进行"。② 他们对国语运动的界定，包含了语音、语言、文字、文体（事实上，对很多人来说，最基本的国语教育就是推行白话文）等各个层面，我们可以称之为广义的国语运动，而将其中的"国语统一"看作狭义的国语运动。至于本书所谓国语运动，则处在广义和狭义之间：以"统一国语"为核心，包括了方言、音字、注音符号等，但基本不涉及以往研究较多的白话文。

---

① 钱玄同：《以公历一六四八年岁在戊子为国语纪元议（与黎锦熙、罗常培书）》，载《国语周刊》第77期（1933年3月18日），第1页。
② 吴敬恒（吴稚晖）等：《全国国语教育协会缘起》，具体时间不明，中国第二历史档案馆藏国民政府教育部档案，档案号：5-12294。

国语运动自晚清发轫，在民国时期广泛展开，20 世纪 50 年代中期在中国大陆被汉语拼音和普通话推广运动取代（在台湾地区仍持续了很长一段时间），长达六十余年之久。① 倪海曙曾将之划分为四个阶段：清末的切音字运动、辛亥革命后的注音字母运动、五四运动后的国语罗马字运动（简称"国罗运动"）及 20 世纪三四十年代的拉丁化新文字运动。② 本书从历史学角度，将之粗线条地划分为四个时期：（一）发轫期，自 19 世纪 90 年代到清朝灭亡；（二）奠基期，自 1912 年到 20 世纪 20 年代末；（三）实行期，自 20 世纪 20 年代末到中华人民共和国成立前夕；（四）终结期，自中华人民共和国成立到 20 世纪 50 年代中期。

（一）发轫期

晚清二十年是国语运动的起步阶段，学界也往往将之称为"切音字运动时期"。 这个名目当然不够全面，不过，它也敏锐地捕捉到国语运动的一个特点：这个以"语"命名的运动是从"字"（文）的层面开始的。

早在 19 世纪中期，一部分西方来华传教士就注意到，中国人的识字率不高，而且方言众多，互不相通。 为此，一些南方

---

① 在某种意义上，汉语拼音和普通话推广运动仍是国语运动的延续。 不过，本书的论述截至 20 世纪 50 年代为止。

② 倪海曙：《清末汉语拼音运动（切音字运动）编年史》，上海：上海人民出版社 1959 年版，卷前第 1—2 页。

地区的传教士面对下层社会的受众，研制出多种方言版本的拼音书写方案。有些仅在教民中传习；有些则已溢出教民范围，在地方上广泛传播。西方传教士这种做法，当然首先是出于传教的需要，但在背后也隐含了一种文化竞争的心态。他们相信，文字是阻碍中国进步的根本原因之一：汉字是"象形文字"，仍处在文字发展的原始阶段，数量众多、形体繁复，一字数义、一字多音、一音多字，难识难记、耗时耗力，不利于民智发展；拼音文字则只是几个简单的语音符号的组合，能说话即能书写，简便易学，更有利于知识普及。他们研制汉语拼音书写方案，自然不无向中国人展示西方文化优越性的意味（同时也是向中国人提示文字改革的方向）。1897 年，英国传教士李提摩太就直率地表示："中国自海禁大开，内地人得与泰西各国往来，其间能通西国语言文字者颇不乏人，习见泰西文字之易学，而后知中国文字之繁难。读书者费十年之功，而犹不能尽识群书之字。且形体杂出，不同泰西以字母拼成，有一定不移之法。此中国文字之所以难也。"①将此种意图和盘托出。

19 世纪 90 年代，一部分中国读书人接受了西方人的这一看法。文字形式被直接地与国家富强挂起钩来。他们接过西方传教士的事业，开启了中国人自行创制汉语拼音书写方案的工作。1892 年，曾经前往新加坡学习英文，并应传教士的邀

①［英］李提摩太：《新字述略》，载《万国公报》第 114 册（1898 年 7 月），第 55 页。

请参加过《英华字典》编译工作的福建士子卢戆章出版《一目
了然初阶》一书，推出"天下第一块切音新字"，成为中国人编
制的第一套汉语拼音方案，主要用来拼读厦门音、漳州音和泉
州音。 很快，曾任中国驻外参赞的洋务派官员蔡锡勇、上海梵
皇渡书院（圣约翰大学前身）的医学生沈学、香港的华人传教
士王炳耀等，也发表了各自的研究成果。 据统计，直到 1911
年，国内至少出现了 36 种汉语拼音方案（参看下表）。 其中，
目前所见公开出版的著作中，1906 年数目最多，成了一个不大
不小的"风潮"。 这些方案名目众多，或称"快字"，或称"切
音字""拼音字""合声字""音标字"，或称"简字""新字"，
等等。 今人则将之统称为"切音字"，将此运动称作"切音字
运动"。

清季切音字方案一览表

作者	年份	著作	字母形体	拼音标准
卢戆章	1892	《一目了然初阶》《新字初阶》	拉丁字母及其变体	厦门音、漳州音、泉州音
吴稚晖	1895	"豆芽字母"	汉字笔画（独体篆隶及变体）	无锡音
蔡锡勇	1896	《传音快字》	速记符号	官话音
沈学	1896	《盛世元音》	速记符号	吴音
力捷三	1896	《闽腔快字》	速记符号	福州音
王炳耀	1897	《拼音字谱》	速记符号（有拉丁字母对音方案）	粤音

作者	年份	著作	字母形体	拼音标准
蔡元培	1898	《切音课本》	汉字（韵书）	浙（绍兴）音
王照	1900	《官话合声字母》	汉字笔画	官话音
田廷俊	1901	《数目代字决》	数码	湖北音
力捷三	1902	《无师自通切音官话字书》	速记符号	官话音
陈虬	1903	《新字瓯文七音铎》《瓯文音汇》	汉字笔画	浙（温州）音
刘孟扬	1904	《天籁痕》	汉字笔画	官话音
李元勋	1904	《代声术》	不详	不详
杨琼、李文治	1905	《形声通》	汉字笔画	韵书（？）
曾杏村	1905	岭东新字母	不详	不详
劳乃宣	1905 1906	《增订合声简字谱》《重订合声简字谱》《简字全谱》《简字谱录》	汉字笔画	宁音、吴音、闽广音
卢戆章	1906	《中国切音字母北京切音教科书》《中国字母北京切音合订》	汉字笔画（有拉丁字母对音方案）	官话音、泉州音、漳州音、福州音、广州音
朱文熊	1906	《江苏新字母》	拉丁字母	吴音（后另定官话音方案）
田廷俊	1906	《拼音代字决》《正音新法》	汉字笔画（有拉丁字母对音方案）	湖北音
沈韶和	1906	《新编简字特别课本》	数码	韵（？）
邢岛	1906	新汉文	不详	不详
贵翰香	1907	不详	汉字笔画（？）	浙音（？）

作者	年份	著作	字母形体	拼音标准
江亢虎	1908	《通字》	拉丁字母	官话音
刘孟扬	1908	《中国音标字书》	拉丁字母	官话音
马体乾	1908	《串音字标》	汉字笔画	官话音
章太炎	1908	《驳中国改用万国新语说》	汉字笔画	韵书（？）
宋恕	1909	《宋平子新字》	汉字笔画（模仿日本假名）	浙（温州）音
刘世恩	1909	《音韵记号》	自造符号	官话音
黄虚白	1909	《汉文音和简易识字法》	汉字笔画	官话音
黄虚白	1909	《拉丁文臆解》	拉丁字母	官话音
万雨生	1909	"中国音字"	不详	不详
郑东湖	1910	《切音字说明书》	汉字笔画	韵书（？）
黄颖初	不详	《传音快字简法》	速记符号(?)	官话音
吴稚晖	不详	"省便反切字母"	汉文	不详
陈贻范	不详	《号码代字捷诀》	数码（？）	不详
赵嗣璀	不详	"拼音新字"	杂取各国（拉丁字母）	官话

这些著作中影响最大的是 1900 年出版的《官话合声字母》，其作者是因受戊戌变法牵连而逃亡日本的前礼部主事王照。这是一套拼写北京话的方案，先后获得了主持北洋学务的翰林院编修严修和京师大学堂总教习吴汝纶的青睐。1903 年

初，袁世凯要求在"保定各军营暨蒙养、半日各学堂内"试办官话字母，次年又令将王书"咨送京师总理学务处核定，奏请颁行"，直接推动了官话字母在直隶等北方地区的推广。 1905年秋，署理两江总督周馥在幕僚劳乃宣的建议下，在南京开办了简字半日学堂。 所谓"简字"，即劳乃宣在王照方案基础上，针对吴音所做的修改方案。 经过官方倡导，简字在整个南京地区很快流行起来。 此外，浙江、奉天、四川、湖北、吉林、广东、广西等地也都在各级官吏支持下开设了切音字教学机构。① 虽然这些努力很快就被朝廷推行"简易识字学塾"的政策取代，但切音字运动热闹一时，将汉字和拼音等问题带入了公共舆论空间，揭开了中国近代语文改革的序幕。

19 世纪末 20 世纪初，随着中国社会思潮的急剧改变，语言文字领域发生了许多具有根本性意义的变革，切音字运动只是其中之一。 1900 年，颜惠庆自美国留学归来，惊讶地发现，虽然自己不过只是去国五年，却必须尽快"更新"自己的汉语知识。 因为在这段时间，"无论在文体还是内容上，国语都发生了较大变化"。② 他没有想到的是，这不过只是汉语改革的序曲。 庚子之后，这种变化就更加剧烈了。

晚清时期语言文字的变化主要体现在以下几个方面：一是

---

① 参看王东杰《清末官绅推行切音字的努力与成效》，载《四川大学学报（哲学社会科学版）》2011 年第 4 期，第 36—55 页。
② 颜惠庆：《颜惠庆自传——一位民国元老的历史记忆》，吴建雍、李宝臣、叶凤美译，北京：商务印书馆 2003 年版，第 45 页。

新名词的大量涌现。 这些词汇中相当一部分是日本学者在向西方学习过程中创造的"和制汉语词",通过出版物、留学生等渠道迅速输入中国;但也有一部分是原本就由西方传教士或其中国合作者在中国创造而没有引起足够重视的词汇,在被日人借去推广后,此时又以"和制汉语词"的面目回流中国。 这些词汇一经引入(回流),就迅速流行起来。 通过提供新的知识形态、论说资源和价值观念,它们大幅度地改变了中国人对于世界的认知和描述方式,也因此极大地影响了20世纪中国的历史走向。

二是所谓"报章体"和白话文写作的流行。 19世纪末20世纪初,随着变法、新政和革命思潮的兴起,一时之间中国涌现出大量新式报刊(有些是在日本出版的)。 为了满足报刊对于文章时效性的要求,以梁启超为代表人物的报章体写作也应时而生(亦有人认为王韬是这种文体的开创者,但王韬之后,此风并未流行)。 它的特点是一改传统文章写作的简练作风,不讲究炼字、炼句,而是文白夹杂,大量掺杂时兴的新名词,"笔锋常带感情",读来朗朗上口、汪洋恣肆、富于雄辩色彩,极受读者欢迎,在新学生中尤为风靡。

不过,报章体还是掺杂了不少文言成分,具有一定的阅读门槛。 一批接受了"主权在民"等新式政治观念的知识分子,出于"鼓民力""开民智""新民德"的需要,决定采用更加通俗易懂的白话文体,面向普通民众写作。 许多报刊纷纷发表白话文章,甚至开辟白话文专栏。 各地都涌现出一批专门的"白话报",著名的有《无锡白话报》《杭州白话报》《苏州白话报》《中国白话报》《安徽俗话报》《直隶白话报》《京话日报》等。晚清十年中,竟然多达 100 余家。① 和五四新文化运动时期不同,此时的白话文写作并没有要取代文言正统地位的意图。多数作者采用这种文体,仍是为了面向下层社会进行"启蒙";对他们来说,白话文只具有"工具"价值,并不代表一种新的语文发展方向。但从"后见之明"来看,它也为五四时期的白话文运动埋下了伏笔。

三是各种新兴言语行为的涌现。中国文化历来具有重"文"轻"语"的倾向。一般来说,能言善辩不但不被视为一项具有正面价值的才能,甚至往往被看作奸佞的表征。19 世纪末 20 世纪初,随着新的政治理念、政治行为(如集会等)、政治机构和新式日常社交环境的出现,蔡元培等人敏锐地意识到:"今后学人,领导社会,开发群众,须长于言语。"②因此,怎样更好地通过言说来表达自己的诉求、观点,获得听众的赞同、追随,成为政治和社会参与的一项重要能力,演说、辩论等一系列围绕着口头表述展开的文化现象迅速勃兴,亦使得语言问题引发了更多人的关注。

四是国语统一观念的兴起。如前所述,直到 1902 年,吴

① 关于晚清的白话文,参看谭彼岸《晚清的白话文运动》,武汉:湖北人民出版社 1956 年版。
② 高平叔:《蔡元培年谱长编》第 1 卷,北京:人民教育出版社 1999 年版,第 216 页。

汝纶还认为语言统一是"不急之务"。但很快，它就成了引人关注的公共议题，并迅速进入国家的语言政策——如同第一章已经提到的，1904 年，国语教育就已进入朝廷颁布的教育章程。同时，南北各地的通都大邑也出现了教授、研究国语的机构，出版商更是趁势推出多种国语教科书。1910 年 11 月，北方第一大报《大公报》举办三千号纪念征文活动，列出八道选题，其中就有一道"论统一国语之方法"。各界应征者甚众。《大公报》从中选出若干篇，在 11、12 月连续刊登，颇为醒目。

在国语统一呼声日益高涨之际，切音字运动亦与之合流。1910 年秋召开的资政院第一次会议，共接到各地交来的 5 份要求推广切音字的揭帖，均把切音字看作国语统一的重要工具。以严复为首的审查小组对此问题进行调研，提交了审查报告，一方面肯定了切音字运动在普及教育方面的作用；另一方面则明确规定，切音字不可称为"字"，而应定名为"音标"，其主要作用是"范正汉文读音"和"拼合国语"。这样，既可以用来开发民智，亦可"令全国儿童读音渐趋一致"，收到语言"统一之效"。① 尽管由于辛亥革命的爆发，这些政策并没有得到落实，但它也为民国时期国语运动的展开打下了根基，确立了基本方向。

---

① 严复：《审查采用音标试办国语教育案报告书》，载本社编《清末文字改革文集》，北京：文字改革出版社 1958 年版，第 134 页。

（二）奠基期

民初二十年，可以算作国语运动的第二个阶段。民国成立后，因为辛亥革命而中断的国语统一政策被再次提上日程。教育部多次针对这一问题，做出相关规定。1912 年 7 月，在教育部召开的全国临时教育会议上，教育总长蔡元培在讲话中强调了制定语言统一标准的重要性。[①] 12 月 2 日，继任教育总长范源濂发布《读音统一会章程》，读音统一会由教育部主持，负责筹备国语统一事务，明确其职责为审定"法定国音"，制定国音字母。[②] 1913 年 2 月 15 日，读音统一会在北京召开，各省、蒙藏和华侨联合会选派的代表共 80 名（实到 44 名），以吴稚晖为会长，王照为副会长。读音统一会的会员几乎囊括了清末语文改革的各路人马，又加进了许多新的精英，其中不少在后来成为国语运动的领袖人物。这次会议几乎集中展示了时人在国语统一尤其是国音标准问题上的全部主张，会员们固执己见、争吵不休，矛盾极为尖锐。会议历时三个多月之久，直到 5 月 22 日才宣告闭幕。它在吵闹声中，通过投票表决的方式，确立了中国历史上第一个国音标准和第一套汉字注音字母。1918 年 11 月 23 日，北洋政府教育部将注音字母颁行全国。1919 年

---

① 我一：《临时教育会议日记》，载《教育杂志》第 4 卷第 6 号（1912 年 9 月），第 4 页（栏目页）。
② 《教育部公布读音统一会章程令》，载中国第二历史档案馆编《中华民国史档案资料汇编》第 3 辑"教育"，南京：江苏古籍出版社 1991 年版，第 768 页。

9月，商务印书馆出版了由吴稚晖起草，钱玄同、黎锦熙等修订的《国音字典》；1920 年 12 月，教育部发布命令，规定此后教授字音，皆应以该书为准；1921 年 6 月，此书经再次修订，更名为《教育部公布校改国音字典》。[①] 读音统一会的召开，使清末以来围绕国语统一标准的各种争议暂时告一段落，是国语运动史上一次里程碑式的事件。

注音字母和国音标准的颁布，得力于新文化运动的开展。新文化运动以提倡白话文知名，在国语运动史上具有举足轻重的地位。 对此，有关研究已经浩如烟海。 这里仅须指出的是，它和清末的白话文运动，无论是目标还是性质都有所不同。 如前所述，清末知识分子采用白话文写作，意在开启"民智"，其目标只是"通俗"，而不在争取文章的"正统"地位。用胡适的话说，当时写作白话文的知识分子中，还隐隐存在一个"不妨仍旧吃肉"的"我们"和"不配吃肉"只能啃啃"骨头"的"他们"的差别："我们"是可以也应该继续使用文言的，对"他们"则需要使用白话。[②] 五四时期的白话文运动，则根本是要用白话取代文言的地位，使其成为文章写作的正统。 由于这一根本的差别，清末和五四时期两场白话文运动激发的社会反响截然不同：前者犹如顺水推舟，后者则掀动了惊

---

① 黎锦熙：《国语运动史纲》，上海：商务印书馆 1934 年版，第 76—77、98—101 页。
② 胡适：《五十年来之中国文学》，载《胡适文集》第 3 卷，北京：北京大学出版社 1998 年版，第 252 页。

天骇浪。

　　这一时期另一个引人注目的问题是世界语的推广及其与汉语、汉字的关系。 早在清末——1908 年前后，在巴黎主办《新世纪》的无政府主义者吴稚晖等人，就提出过以"万国新语"取代汉字汉文的主张，遭到章太炎的激烈反驳。 当时，正在章氏门下的钱玄同，无条件地赞成章太炎的主张。 但到了新文化运动时期，钱氏旧话重提，态度却为之一变，强调中国人要"生存于二十世纪"就必须废除汉字，代之以"文法简赅、发音整齐、语根精良"的世界语。① 不过，这一主张过于激进，以至于即使在都对世界语抱有好感的《新青年》同人中，也激起了大量不同意见，引发了一系列问题，如"汉字能否废除？""若不能立时废除，应采用何种手段以为补救？""采用世界语，是否意味着要废止汉语？ 其可行性有多大？"更深入一点，"汉字和汉语的关系究竟应该如何理解？"这都涉及国语运动中一些最根本的争议。 大多数新文化人都同意，在可见时期内，世界语无法代替国语，因此，汉语必须保留，汉字则应向拼音化方向发展。

　　新文化运动将晚清以来围绕着语言文字展开的各种议题推向前台——白话文、拼音字、标准语等，众流竞起、议论纷纭，直到 20 年代中期，才为新的社会议题所取代，渐渐平息。 这

---

① 钱玄同：《中国今后之文字问题》，载《新青年》第 4 卷第 4 号（1918 年 4 月 15日），第 355 页。

些论争无不以"国语"二字为枢纽，表明其此时已处于语文改革的核心；也正是通过这一枢纽，国语运动才具备了丰富内涵。

20 世纪 20 年代，有两个事件对国语运动产生了重要影响。一是所谓"京国之争"。1920 年春，南京高师英文科主任张士一提出，世界各国制定标准语，不出两种办法：一是用"混合语"，一是采用某种现成的方言。读音统一会通过的国音，是由投票方式产生的，属于"混合语"。但既然是标准，就应该是"客观"的，混合语却"不容易定客观的标准"。因此，在国音标准发表后，"全国找不出一个人"是照它说话的，实际上有了"等于没有"。因此，他主张采用某一已经通行的方言来做国语——综合来看，以北京话最为合适。① 张士一的主张激起了一场持续一年多的大争论。南方教育界的名人如顾实、周铭三、陆殿扬、易作霖等支持张士一的主张，而国语统一筹备会（参看下文）方面的吴稚晖、黎锦熙、钱玄同等人则是读音统一会所定"国音"方案的支持者。

双方在政治、语言、地方观念等多个层面展开了角逐，其中，"京音派"提出的一个论点使他们取得了决定性胜利。他们使用了新文化诸子界定新旧文化时常用的一对概

---

① 张士一：《国语统一问题》，载《新教育》第 3 卷第 4 期（1920 年），第 434—443 页。

念——"活的"与"死的",去描述不同的语言标准。 他们
指责由各地代表投票选出的国音标准远离人们的实际口语状
况,乃是一种"死语言";而语言本身是时刻变化的"有机
体","只有用人为本位的标准",才能"永远适用"。① 其
时新文化运动的影响如日中天,这一理由产生了异乎寻常的说
服力,连"国音派"最终也不能不接受他们的意见。 1923
年,国语统一筹备会决议,再次修正《国音字典》,改以京音
为主。 1927 年开始,又编纂了《国音常用字汇》,其"第一
原则"就是"指定北平地方为国音之标准"。② 1932 年 5 月,
此书经教育部公布,被称为"新国音",取代了读音统一会通过
的"老国音",被乐嗣炳称为"三十年来国语标准问题"争论的
终审判决。③

　　另一个事件是"国语罗马字"的制定和推行。 由读音统
一会审查通过的注音字母,出自章太炎之手,本是取用"古籀
篆径省之形"而成,目的是(在形体上)"保存国粹";而深受
西方文化影响的新文化人所中意的却是"世界通用的字
母",即罗马字母。 1923 年,钱玄同、黎锦熙、黎锦晖、汪怡

<hr>

① 张士一:《国语教育上的两大改革》,载《时事新报·学灯》1920 年 10 月 25
日,第 4 张第 1 版。
② 教育部国语统一筹备委员会编:《国音常用字汇》,上海:商务印书馆 1932 年
版,前言第Ⅲ页。
③ 乐嗣炳:《国语学大纲》,上海:大众书局 1935 年版,第 10 页。

等提出制造国语罗马字的设想。① 1925 年 10 月，国语统一筹备会六位成员自发地组成了一个"数人会"，从事这方面的研究，并于次年发表了国语罗马字方案。 它采用 26 个拉丁字母，以北京音为标准音，通过拼法变化标注声调。 1928 年，南京政府大学院正式颁布此方案，定位为"国音字母第二式"（注音字母为"第一式"）。 钱玄同指出，国语罗马字的终极目标是"废除汉字，将国语文字改用罗马字母拼写"，只因此事"不是旦暮之间便能干得成的"，故此先"用罗马字母来做注音字母的别体"，以为过渡，而其长远意图还是将注音字母和汉字一起送终。②

除了舆论鼓动之外，这一时期值得注意的还有以下几种现象。 一是官方和新文化人密切合作，很快将学界讨论的成果转化为政令：除了前边已经谈到的公布注音字母、《国音字典》、"新国音"及国语罗马字外，另一个影响深远、关乎全局的政策是教育部 1920 年发布修正《国民学校令》，将小学"国文"改为"国语"，并规定至 1922 年冬季之后，国民学校教材全部改用语体文。③ 这一政策一劳永逸地奠定了白话文运动成功的基

---

① 钱玄同等：《请组织"国语罗马字委员会"案》，载《晨报副刊》1923 年 9 月 13 日，第 1 页。

② 钱玄同：《对于许锡五君的"国语字母钢笔书写法"说的话》，载《晨报副刊》1923 年 10 月 2 日，第 2 页。

③ 《修正〈国民学校令〉第十三条第十五条》，载《教育公报》第 7 年第 2 期（1920 年 2 月 20 日），第 12 页（栏页）；《教育部通告》，载《政府公报》1920 年第 1465 号（1920 年 3 月 13 日），第 19 页。

础。 这些条令也为国语运动在全国范围内推开提供了依据。二是提倡和推行国语运动的机关、组织大量涌现，其中全国性的（包括民间和官方组织）有中华民国国语研究会（1917年）、教育部国语统一筹备会（1919年）、全国国语教育促进会（1926年）、教育部注音符号推行委员会（1930年）、国语罗马字促进会（1930年）等，教育部国语讲习所、中华书局注音字母讲习班则是培养国语干部的著名机构，至于各地组织的有关团体、机关更是难以计数。 三是出版品的广泛发行：在大量教科书、工具书和通俗读物之外，有兴趣的读者可以定期读到《官话注音字母报》《国语月刊》《国语周刊》《国语旬刊》和《G. R. 周刊》（"G. R."是"国语罗马字"的简写）；而由王璞、赵元任先后灌录的两张国语留声机片，更使得"国语"从纸面上走下来，变成可以真正耳闻的对象（虽然他们录制的还是"老国音"）。 四是各类推广活动的开展，其中以1926年初召开的全国国语运动大会规模最为宏大——除了北京、上海等国内大城市外，日本、南洋各埠华人华侨也都同时响应。 不过，效果更为明显的似乎应属各地举行的更日常也更普遍的活动，如国语演讲比赛等。 它们提供了国语真正进入社会生活的途径，对国语的普及功不可没。① 凡此种种，皆使这一时期成为国语运动的一个奠基期。

---

① 凌远征：《新语文建设史话》，开封：河南大学出版社1995年版，第8—15页。

（三）实行期

第三阶段可以从 20 世纪 20 年代末 30 年代初算起，到 1949 年结束。它是第二阶段自然延伸的结果，无论是时间上还是内涵上都与之多有重合，很难在其间找到一个明确转折点。若说这一时期有什么特色的话，那就是国语运动内部的大规模争论逐渐平息，进入一个以常规实行为主的阶段；与此前的轰轰烈烈相比，不免略显"平庸"。① 这 20 年中，由于政局干扰，国语运动的推行并非一帆风顺，大概可以分作三截：30 年代前期，工作有序推进；抗战初期，由于经费危机而一度停顿；40 年代之后，又再次活跃。这一点，可以从全国语言文字工作的最高领导机关——国语统一筹备委员会的工作中获得一个直观印象。

国语统一筹备委员会由原国语统一筹备会改组而成。自 1928 年 12 月至 1935 年 6 月，共开年会 1 次、常委会 46 次。1935 年 7 月，更名为国语推行委员会。在此后两年中，召开大会 1 次、常务委员会 24 次。就在这不到 10 年的时间里，该会的工作取得了丰富的成绩，包括修订国音、公布《国音常用字汇》、刊布《方音注音符号总表》、审定"简体字"（1935 年 8

---

① 黎锦熙曾将 1926—1928 年称为国语运动的"蛰伏"期，1928—1931 年称为"龙飞"期，而 1931 年之后则被他称为"龟走"期。在叙述 1931—1934 年的工作时，他更明言这是一个"沉寂"时期。参看黎锦熙《国语运动史纲》，上海：商务印书馆 1934 年版，第 251、257 页。

月经教育部公布，但 1936 年 2 月就被明令取消）、铸造注音字模、利用无线电进行国语教学、编就《中国大辞典长编》简本等。 1937 年 7 月，抗战军兴，国语推行委员会工作费停发，会务遂告中止。 1938 年，委员会曾在陕西城固短暂地设立过一个临时办事处，旋将工作并入其他机构。①

随着抗战深入，动员大后方民众积极参与抗战的压力迫在眉睫。 国民政府深入有众多少数民族聚居的西南腹地后，更为清楚地体察到人民"国家"观念的薄弱，国语运动的重要性再次凸显。 国民政府意识到：无论是"普及教育"还是"团结民族"，均"有待于国语教育之推行"。② 在此情势下，1940 年 7 月，国语推行委员会"扩大组织，调整工作"，召开了第二届大会。③ 国语推行委员会在经过多年沉寂之后再次上马，立刻展开多项业务，如设立国语师资训练班、指定高校开办国语专修科、举行"国语运动周"等，将国语运动再次推向一个高潮。从政策发布的层次来看，这些活动一般都能达到市县一级，尽管其实际效果不宜高估——毕竟是在战时环境中，政治局势动荡不安，物力、人力的投入皆不容乐观。 不过，国民政府试图通过国语运动强化民族凝聚力和国民抗敌信心的意图，仍是相

① 教育部国语推行委员会：《会务报告》，1940 年，中国第二历史档案馆藏国民政府教育部档案，档案号：5-12284。
② 教育部社会教育司：《订定推行国语教育方案请讨论案》（文稿），日期不明，中国第二历史档案馆藏国民政府教育部档案，档案号：5-12301。
③ 吴敬恒（吴稚晖）等：《全国国语教育协会缘起》，日期不明，中国第二历史档案馆藏国民政府教育部档案，档案号：5-12294。

当醒目的。

这一时期国语运动的一个重要成就是，开始更加郑重地对待少数民族语文。抗战开始后，国民政府一边大力推动对少数民族语文的调查，一边致力于强化边疆地区的国语教育，试图同时增进民族平等和中华民族一体化意识。1939 年 1 月，教育部提出，"仿'华文'、'华侨'之词例"，以后不再将汉字称为"国字"，而改称"华字"，作为"中华民族所通用之文字"，以"免除国内民族间之歧视"。[1] 吴稚晖在国语推行委员会的一次常委会上也强调："我们对于边疆语言，除要边民也能说国语外，我们也要尊重他们的语言。"[2]1941 年 10 月 10 日，国民政府颁布了由黎锦熙、卢前和魏建功三人主持编纂的《中华新韵》。编者在提到"国语"二字时，特意加了一句放在括号里的说明："应说'汉语'，包括全中华民族中汉语方言。"[3]在此之前，少数民族语言问题很少进入人们的视野，多数人在讨论国语时，都隐隐然将汉语当作"当然国语"来看待；比较而言，这些言论和政策都表现出更加鲜明的民族视角，体现出中华民族作为一个多民族共同体意识的深化。

国语运动内部争执的平定，并不意味着思想界在此问题上

---

[1] 《教育部公函》，1939 年 1 月 6 日，中国第二历史档案馆藏国民政府教育部档案，档案号：5 - 12290。

[2] 《国语推行委员会常委会议记录》，日期不明，中国第二历史档案馆藏国民政府教育部档案，档案号：5 - 12295。

[3] 教育部国语推行委员会编：《中华新韵》，上海：正中书局 1947 年版，第 144 页。

达成了一致意见。 相反，20 世纪 30 年代开始，围绕着语言文字问题，文化界战火重燃。 一批左翼文化人向新文化运动以来的语文改革成果发起了总进攻：在文体方面是"大众语运动"，在文字和语言方面则是"中国字拉丁化运动"（或称"中国话写法拉丁化运动""拉丁化新文字运动""新文字运动"等，以下简称"拉丁化运动"）。

大众语运动批评以往的白话文过于"欧化"，难以为普通民众所了解，甚至已经沦为一种"新文言"，为此呼吁采用真正通行于大众口中的语言来写作。 拉丁化运动则深受苏联拉丁化政策的影响，明确提出"反对国语运动"的口号。 左翼文化人指责国语运动强迫各地民众放弃方言去学"北平话"，也强迫少数民族去学习汉语，乃是一种文化"侵略"和"独裁"行径；这使得国语变成了"压迫弱小民族的工具"，充分表明国语运动服务于"官僚"阶级的性质。 相反，拉丁化运动推崇的是"普通话"——按照瞿秋白的解释，这是"在现代化的工厂里面"产生出来的一种"无产阶级"的语言。[1] 在此之前，"普通话"只是一个日常生活中使用相当随意的词汇，指的是能够为多数人听得懂的共通语。 虽然很接近国语，但并不严格，带有浓厚的"蓝青"色彩。 经过拉丁化运动的宣传后，"普通话"逐渐成为一个具有明确政治立场的术语。 在文字方面，拉丁化

---

[1] 瞿秋白：《罗马字的中国文还是肉麻字中国文》《鬼门关以外的战争》《大众文艺的问题》，均载《瞿秋白文集·文学编》第 3 卷，北京：人民文学出版社 1989年版，第 227—228、138、15—16 页。

运动以废除汉字为目标，并提供了一套新的拼写方式，不但不标声调（事实上，国语罗马字运动最早也曾有此主张，后来通过实践证明不可行而放弃了），而且主张将国内划分为若干个方言区，制定区域性的方言拼写方案。 汉字拉丁化运动在国统区的左翼青年中极为流行，在延安等地更是得到大力支持。

对于左翼文化人的进攻，国语统一筹备委员会的领导人何容、黎锦熙等连续在《国语周刊》等媒体上撰文批驳，澄清国语运动的具体主张（参看第七章）。[1] 国民政府方面，则除了抗战初期曾经有条件地允许拉丁化作为"纯学术"的"研究"对象和"社会运动之一种工具"存在外，多次下令禁止拉丁化运动的推广。 作为对治之策，又大力加强"推行国语国文之教育"，包括注音识字、国语罗马字等，试图借此"扑灭"对手。[2]

尽管拉丁化运动和国语运动的具体主张多数只存在一些技术性差异，有些区别甚至微不足道，但出于政治立场，双方竞争一度非常激烈。 至于其结果则不无反讽意味：双方的竞争虽相当激烈，但也强化了对方的力量，在相互反对的同时亦不无

---

[1] 何容：《什么叫做"官僚的所谓国语"？》，载《国语周刊》第 48 期（1932 年 8 月 20 日），第 1—2 页；《再论"官僚的所谓国语"》，载《国语周刊》第 61 期（1932 年 11 月 19 日），第 2 页。 黎锦熙：《国语"不"统一主义》，载《国语周刊》第 127 期（1934 年 3 月 3 日），第 2 页；第 128 期（1934 年 3 月 10 日），第 2 页。

[2] 中国国民党中央执行委员会宣传部：《中国字的拉丁化运动应注意之点》，1938 年 3 月 9 日，广东省档案馆藏民国时期广东省政府档案，档案号：5-2-47。

相互之间的利用。国语运动在 20 世纪 40 年代的复兴，相当程度上与拉丁化运动的刺激有关；而在 50 年代中期，随着国语运动的终结，拉丁化运动也最终退出了历史舞台。

（四）终结期

随着 1949 年政权鼎革，"国语"一词的命运也面临着一场危机。虽然在中华人民共和国成立初期，新政权忙于解决各种重大的政治、经济、社会问题，语言文字改革并未被摆上桌面，"国语"一名仍使用了相当长一段时间。但那些经历过拉丁化运动和国语运动论战的人们，私下里对于"国语"二字是否仍旧可以使用，颇感踌躇。这一时期，之前似乎已经解决的语音标准问题，再次引发了争论，而占主流的仍是两大意见：一是采用北京话，一是采用普通话。[①] 后一派的立场固然直接承继自大众语运动和拉丁化运动的讨论；但即使是主张采用北京话的一方，也多少受到当年左翼语文运动的影响，主动避开了某些理论暗礁。在民族关系问题上，这次讨论更直接承袭了左翼语文运动的立场，对于大汉族主义的批判成为讨论中的一个主旋律——事实上，"普通话"这一概念的采用所要达致的一个根本目标，就是倡导各民族之间的语文平等，亦即淡化汉语与国语间的紧密关联。

1955 年，官方对标准语问题的讨论做了总结。10 月 19

[①] 刘泽先：《普通话和标准音》，载《中国语文》1954 年第 5 期，第 4—7 页。

日，教育部部长张奚若在全国文字改革会议上做了题为《大力推广以北京语音为标准音的普通话》的报告，指出"汉民族共同语"是"普通话"。① 之后，推广普通话的宣传工作迅速展开，有关政策也陆续发布。 10 月 25 日，中国科学院召开现代汉语规范问题学术会议；26 日，《人民日报》发表题为《为促进汉字改革、推广普通话、实现汉语规范化而努力》的社论。 11 月，教育部发布推广普通话的指示。 1956 年 5 月，国务院发布《关于推广普通话的指示》。 从此，"普通话"成为官方正式确定的汉语"共通语"名称（这和"国语"作为"标准语"的性质不同）。 国语运动在中国大陆基本告终。

虽然在正式名称上，"普通话"代替了"国语"，但其实质内容却和国语并无两样：按照官方权威解释，普通话"以北京语音为标准音、以北方话为基础方言、以典范的现代白话文著作为语法规范"。 在这三个特点里边，至少"以北京语音为标准音"和"以典范的现代白话文著作为语法规范"两项，都是当年左翼人士猛力攻打的国语运动的主张。 不过，这两个名词的政治意义却大为不同：较诸"国语"，"普通话"一词具有更为明确的尊重各民族文化平等的意识——它是不同地区和民族之间交流的媒介，而不是唯一的标尺。 同时，比起"国语"，"普通话"的词义也要模糊很多，维持了足够的弹性，使得中国

---

① 张奚若：《大力推广以北京语音为标准音的普通话》，载《语文学习》1955 年第 12 期，第 1—4 页。

可以同时是一个"多民族国家"和一个"民族国家"。

　　1958 年 2 月，第一届全国人民代表大会第五次会议通过《汉语拼音方案》；1960 年 4 月，中共中央发布《关于推广注音识字的指示》。汉语拼音取代了注音字母，但它和国语罗马字的差异，实际上也只是体现在一些技术方面。因此，国语运动的结束，绝不等同于近代语言文字改革的完结；正相反，无论是就目标、内涵还是就具体主张来看，中华人民共和国时期的语文改革和民国时期的语文改革之间，都具有明显的相似性和承续关系。

第三章

以文字统一声音

自本章开始，我将对国语运动中激起思想界强烈关注的一些问题做更详细的展开，以便在更加具体的时空语境中呈现"国语"的文化、社会与政治内涵。为此，我们不妨首先回到国语运动的起点。

　　前边讲过，从 19 世纪 90 年代开始的切音字运动关注的首要问题是如何普及识字，借以提升国民素质、追求国家富强。但其思路中又不无自相矛盾之处：汉字既是中国贫弱的根源，势必需要对之加以全面改革；但事实上，切音字运动的参与者认为，汉字的根本问题存在于其自身——它是一种"象形"文字而非"拼音"文字。照此逻辑，中国要强盛起来，就必须要走向废汉字或中国字拼音化的道路。然而，在实践中，切音字运动所针对的只是下层民众，其目标并非要取代汉字，而是要创造一种与汉字并行、方便下层民众使用的书写工具——它只是汉字的补充物，而非替代品，难登大雅之堂；在感情上，切音字运动者大都保持着士人的认同，亦决不欲将汉字全盘否弃。

这样，切音字运动者也就多少表现出美国历史学家列文森（Joseph R. Levenson）所说的近代中国知识分子的那种矛盾心态：在理智上追随西方，在情感上依恋中国。这种依恋往往以一种非常微妙的方式表现出来，比如，他们试图在切音字方案中维持某种"中国特色"——这又主要体现在字母形体上。一般说来，汉语拼音方案采用的字母主要有四种形态：拉丁字母、汉字笔画、速记符号与数码。在我统计的 36 种清季切音字方案（参看第二章）中，除了 4 种字母形体情况不明之外，剩下的 32 种里，采用汉字笔画（偏旁）者多达 15 种，占去了半壁江山；完全采用拉丁字母的只有 6 种。很明显，这跟它们的形象有关：后者看起来就很西化，前者则至少保持着方块字的风味。切音字运动者并不愿"尽弃中法"，他们有着自己的民族主义认同。[1]

不仅如此，他们中的很多人，更欲超越西方，凌而上之。1904 年 2 月，蔡元培在一篇小说里畅想未来世界："那时候造了一种新字，又可拼音又可会意，一学就会。"[2]他理想中的世界文字不只是"拼音"的，而且也像汉字一样是"会意"的。沈学宣称自己发明的"盛世元音"（universal system）不仅可切中文之音，而且"可公天下，能切天下音"。[3] 这两位都是要

---

[1] 陈虬：《新字瓯文七音铎》，北京：文字改革出版社 1958 年影印本，第 4 页。

[2] 蔡元培：《新年梦》，载《俄事警闻》（1904 年 2 月 25 日），台北："中国国民党中央委员会党史史料编纂委员会" 1968 年影印本，无页码。原文发表时未署名。

[3] 沈学：《盛世元音》，北京：文字改革出版社 1956 年影印本，第 7 页。

结合中西之优长。而杨琼、李文治号称他们的方案中汉音、洋音皆备，"可知中声之无所不含也"①，落脚在以中包西上；比起蔡、沈二氏，他们更显雄心勃勃。由此可知，切音字运动者的目光绝不只限于中国，也不只限于眼前，而是投向了一个更为长远的大同世界。最关键的是，这大同世界的到来最好是由（像沈学这样的）中国人引导，或者是（像蔡元培设想的那样）有中国文化因素的实际参与——无论如何，中国在其中绝不能只是一个追随者。

当然，现实的中国已经落后，必须向西方请教，而切音字就是追随西学的产物——面对这种状况，切音字运动者又难以掩饰他们对中国文化的失望。沈学坦言，自己之所以要"另创新字"，是因为他担心，一旦国中风气改变，人们看到写读洋文比写读汉文更加容易，洋务的用处也更为广泛，必会视汉字如敝屣——"如此，则富强未得，而中国之方音灭矣，中国之文字废矣。……千古之精英尽矣，良可叹也！"②这段话完全是李提摩太言论（参看第二章）的翻版。而沈学也显然是真诚地相信汉字不如西文，担心如任由文字自由竞争，汉字必会失败，数千年的文化传统就此终绝。这样，汉字既"有不得不变之势，又有不能遽变之情"③，实是前后失据、进退两难。

---

① 杨琼：《杨序》，载杨琼、李文治《形声通》，北京：文字改革出版社 1957 年影印本，第 3 页。
② 沈学：《盛世元音》，北京：文字改革出版社 1956 年影印本，第 7 页。
③ 沈学：《盛世元音》，北京：文字改革出版社 1956 年影印本，第 7 页。

这种深值玩味的紧张心态，存于不少时人心中。庚子以后，在民族主义影响下，保存国粹思潮风行一时，这种困境就表现得更为鲜明：推广切音字是为了普及识字，普及识字是为了国家富强；切音字和汉字、汉文不无对立，汉字、汉文又是中国文化的精粹所寄。这就不能不令人想到：一个富强的中国若已无文化传统可言，那它还是"中国"吗？面对这个棘手问题，梁启超建议，这方面不妨仍然学习一下西洋的做法：西方人一面保存希腊、拉丁等古典语文以为"稽古"，一面又在日常生活中使用"各国方言"以为"通今"，乃是两便之举。① 这实际上是提倡汉字和切音字并行的双轨制方案。它既解决了下层社会的识字问题，又照顾了上层社会的"稽古"之思，理论上可以"鱼与熊掌得兼"，故一经提出，就得到了切音字运动者的追捧。劳乃宣就多次指出："中国六书之旨，广大精微，万古不能磨灭。简字仅足为粗浅之用，其精深之义，仍非用汉文不可。简字之于汉文，但能并行不悖，断不能稍有所妨。"②若"以简字注汉字之音，则汉字亦易识矣"，可知其"非特无妨汉字，且可补助汉字，为识汉字之门径也"。③

以当时中国社会的眼光来看，包括卢戆章、沈学、王炳

① 梁启超：《沈氏音书序》，载沈学《盛世元音》，北京：文字改革出版社 1956 年影印本，第 2—3 页。
② 劳乃宣：《候补京堂劳乃宣奏进呈简字谱录折》，载《申报》1908 年 8 月 30 日，第 3 张第 2 版。
③ 劳乃宣：《奏请于简易识字学塾内附设简字一科并变通地方自治选民资格折》，载《申报》1910 年 1 月 28 日，第 2 张后幅第 2 版。

耀，甚至蔡锡勇在内的早期切音字运动者的地位都不算高，属于士人里的"边缘"分子；而进入 20 世纪后成为后期切音字运动主角的王照、劳乃宣，则是不折不扣的"正途"出身，劳氏还著有《等韵一得》这样的小学名著。他们的加入，无疑强化了切音字运动的社会说服力。而劳乃宣对切音字问题的思考，实际上也已越出普及教育的范围。1905 年，他在江宁简字师范学堂演说，强调切音字只是"三十六母之省并，反切之便易者耳"，并非完全脱离传统的新造之物；并且正因如此，它实际上有助于国学的光大："今世学者以《说文》为专家之学，通都之中，习者仅数人耳焉。其故皆由阻于艰奥，故习之者少。若通简字后，再习《说文》，则易易矣。"这是因为，"《说文》多从音训"，不从声音入手，只从"形象"索求，将永难通悟。读者多对反切不甚了了，然而一旦明白切音字的原理，即能一通百能，"凡有反切之书，皆迎刃而解"。如此，切音字"非惟不足湮古学，而且可以羽翼古学，光辉古学，昌明古学"。[①] 江谦也强调，切音字可以作为音韵学的台阶，既能"通古"，又能"通今"；不但"宜于中流以下之人民，而尤宜于学士大夫之子弟也"。[②]

这样，切音字与国粹不但不是相互对立的，而且是相互照应和促进的：切音字有助于国粹的发扬，古学又为切音字提供

[①] 劳乃宣：《江宁简字半日学堂师范班开学演说文》，载劳乃宣《简字谱录》，北京：文字改革出版社 1957 年影印本，第 213—214 页。
[②] 江谦：《小学教育改良刍议》，载《申报》1910 年 11 月 1 日，第 1 张第 2 版。

了"正名"作用，彼此契合，相当圆满。

不过，文字双轨制的提出，反而使切音字运动伊始就存在的一个问题复杂化了：切音字与汉字究竟是何关系？ 按照卢戆章1892年的说法，学会切音字后，人们"不但能识切音字，亦可无师自识汉文，兼可以快字书信往来，登记数项，著书立说，以及译出圣贤经传、中外书籍腔音字义"。[①] 切音字既是识认汉字的辅助性工具，其自身也是一种可以流通的"文字"（至少也是粗浅的"准文字"）。 这个主张被后来的切音字运动者广泛接受，只是每个人的侧重点随着具体表述目标的不同略有调整而已，文字双轨制方案也是可以和这一认知相兼容的。 然而，这种模棱两可的表述也令许多人产生了危机之感。

1908年5月，劳乃宣向学部主事许宝蘅介绍了自己创办简字学堂的经过，并解释了一番为何汉字和切音字二者不可偏废的道理。 许氏此前是切音字运动的激烈反对者，听了劳氏的介绍，对之产生了一些同情，但始终无法完全认同，"余谓地球上，无论何国，决无一国之中并行两种文字者，此中是非殊难解决"，至少会使学者"多费一重时光"。[②] 这句让步性质的话，对于切音字运动所追求的"易简"目标来说，已无异一个

---

① 卢戆章：《中国第一快切音新字原序》，载卢戆章《一目了然初阶》，北京：文字改革出版社1956年影印本，第5—6页。

② 许宝蘅日记（1908年5月21日），载《许宝蘅日记》第1册，北京：中华书局2010年版，第181—182页。

大大的讽刺；而"一国之中并行两种文字"的指责，更触及政治价值层面，不能不使人考虑其后果。《直隶教育杂志》在同一年发表的一篇文章中也提出："今日欲废汉字，此为事实上必不可能之事，而并立焉，世界各国无此例也。各国之字，自为一种，无两种并用者。其有不废拉丁罗马等文者，则考古及专门学家为之，不作国民教育用也。"[1]如此，切音字与汉字并立的双轨制的逻辑也就随之落空。

"一个国家，两种文字"引发的诸多问题，再次将切音字的性质问题逼到人们面前：切音字究竟是不是一种"文字"？

即使在切音字运动的同情者中，亦有人力主废黜切音字作为"字"的资格。章太炎指出："切音之用，只在笺识字端，令本音画然可晓，非废本字而以切音代之。"[2]吴稚晖的意见和章太炎颇像："中国文字，本统一也。而言语则必有一种适宜之音字，附属于旧有之文字以为用，于是音声亦不能不齐一。"[3]所谓"附属于旧有之文字"，就是为汉字注音。因此，他虽然使用了"音字"来描述切音字，实际并未真正视其为"字"。彼时二人正为世界语问题打得不可开交：吴稚晖主张汉文低劣，迟早必废，中国将来终须采用"万国新语"；章太炎

---

① 补青：《论简易识字学塾》，载《直隶教育杂志》戊申第 15 期（1908 年 10 月 25 日），第 10—11 页。

② 章太炎：《驳中国用万国新语说》，载《民报》第 21 号（1908 年 6 月 10 日），第 14 页。

③ 吴稚晖：《书驳中国用万国新语说后》，载《吴稚晖先生全集》第 5 卷，台北："中国国民党中央委员会党史料编纂委员会"1969 年版，第 39—40 页。

则力主保存国粹，坚决反对废除汉字。[1] 然而，两个人对于切音字性质的认识却是异口同声，切音字之为"字"的命运也就可想而知。

如前所述，1910年，资政院先后接到5份请求颁行官话简字的说帖。作者在地域范围上，分布甚广，覆盖直隶、江宁、四川等地；在社会阶层上，既有民间士人也有政府官员；在族属上，既有汉人，也有旗人。以严复为股员长的特任股员会经过研究后提出审查报告，肯定了切音字在教育普及方面的作用，但也强调，必须对之做出若干修正，其中第一条即是"正名"："简字当改名音标。盖称简字，则似对繁体之形字而言之。称推行简字，则令人疑形字六书之废而不用。且性质既属之拼音，而名义不足以表见。今改名音标，一以示为形字补助正音之用，一以示拼音性质，与六书形字之殊。"[2]虽然这里说的是"简字"，但实际上显然是针对整个切音字运动而发。照此主张，切音字的作用仅仅是为汉字"正音"，它只是"音标"，不再是一种（性质模糊的）"文字"，许宝蘅等人担心的"一国两文"的危险也就一扫而清。

审查报告立刻被资政院通过。1911年5月，各省教育总会联合会通过的《统一国语方法案》也指出："近今主张简字

---

[1] 罗志田：《国家与学术：清季民初关于"国学"的思想论争》，北京：生活·读书·新知三联书店2003年版，第170—181页。
[2] 严复：《审查采用音标试办国语教育案报告书》，载本社编《清末文字改革文集》，北京：文字改革出版社1958年版，第134页。

者，欲离固有之文字而独立，既乖保存国粹之义，转滋文字纷歧之弊。其法未为允当。然非审正字音，实无统一语言之良法。兹经详细讨论，佥谓宜利用简字，改称音标，将音标附注字旁，作为矫正土音之用，较易施行。"①在 1913 年的读音统一会上，会员朱希祖、马裕藻、陈浚、许寿裳、周树人、钱稻孙等人强调："音标须用简单之汉字，不用新造之简字。""一国不许有二种文字，如日本、朝鲜，此其最要关键也。"②这些言论的锋芒所向，皆在"一国二文"，可见这确是时人的担忧所在。

除了和保存国粹思潮的纠缠（主要体现为切音字和汉字的关系）之外，切音字运动要应对的第二个问题是如何处理和国语统一的关系。

按照切音字运动的看法，语言的出现早于文字，文字不过是记录语言的符号；这就意味着语言是主导，文字应统摄于语言，服务于语言。王炳耀说："夫人有音，本于天性也。有音即有言语，有言语然后有文字。言语之用达心意，而文字之用代言语耳。"③杨琼、李文治声言："以声音较文字，则文字末也，声音本也。"④在这种前提下，创造一种"以言统文"的文

① 《各省教育总会联合会第一次报告·统一国语方法案》，载《申报》1911 年 8 月 17 日，第 2 张后幅第 2 版。
② 朱希祖日记（1913 年 3 月 11 日），载《朱希祖日记》上册，北京：中华书局 2012 年版，第 102 页。
③ 王炳耀：《拼音字谱》，北京：文字改革出版社 1956 年影印本，第 1 页。
④ 杨琼、李文治：《形声通》，北京：文字改革出版社 1957 年影印本，第 24 页。

字就成为切音字运动的努力方向。 林辂存在 1898 年介绍当时已经出现的各种切音字方案时说，它们"或以字形胜，或以音义胜，或以拼合胜"，然大旨皆"以音求字，字即成文，文即为言"，故"无烦讲解，人人皆能"。① 这就相当简洁地把握住了切音字运动的思路。

切音字运动既以"声音"为本，势必涉及如何对待方言和方音的问题。 在通用语言尚未广泛流通的情形下，要与下层社会的民众"发生交涉"，必须使用他们所熟悉的"方言"。 在此思路指导下出现了大量方音切音字方案。 在第二章列出的36 种切音字方案表中，除了拼音标准不详的 6 种，其余大略可分（南方）方音、（北京）官话音和韵书三类。 韵书类著作不以某地语音为准，意在提供一套全国各地皆可通用的语音方案，取向与官话方案相类。 但既"通用"，也就同时意味着它是可以拼写方音的，因此，其语音标准相对模糊。 抛开这一部分，方音类方案（卢戆章第二套方案虽有泉州、漳州、福州、广州音，但以北京音为主，未计入）共 13 种，接近一半。 动态地看，方音方案呈现出明显的下滑趋势：到 1907 年，方音切音字方案累计已达 12 种；但在 1908—1910 年出版的 10 套方案中，方音方案仅有 1 种，官话音方案却陡然增至 6 种，后来居上。 很显然，这个变化是和庚子以后国语统一思潮的涌现（参

---

① 林辂存：《请用切音呈折》，载力捷三《闽腔快字》，北京：文字改革出版社 1956 年影印本，第 7 页。

看第二章）分不开的。

但另一方面，国语统一观念的兴起和传播，也有赖于切音字运动的推行。1910 年《盛京时报》上一篇文章提出，切音字运动要解决人民识字不多的问题，但"语言根于声音，声音万殊，语言即因之变化"。中国各地方言众多、字音各异，虽有拼音之法，"究竟将据何音以为根本"，也还是个问题。① 故如不统一语言而遽以言"统"文，言文一致便只能在地方层次才有意义。就全国的情形统一而论，反会使言文距离进一步拉大，甚至"文"与"文"分，导致越境即须"象译"的结果，"声入心通"岂不成为异想?

这也是主张官话切音字的人们攻击其主张方音切音字的竞争者的重要理由。他们认为，方音切音字无法在全国通用，而官话切音字（如王照的官话合声字母）才能实现真正的言文一致，"以字母定口音，则南北一致；以语言传文字，则上下相通"②，可使"普及教育"和"统一语言"两大目标一举兼得。持此看法者多为北人。他们显然没有想到，或至少未曾郑重考虑的是，北京官音能否适合其他地方人们的语言习惯。这本身仍是一个未决的问题，至少需要有一个较长的学习过程。因此，在另一派人士看来，为了让不通官话的人们能迅速掌握一套读写工具，方音切音字仍是可行的选项。这样，即使在国语

---

① 《论语言之必宜统一》，载《盛京时报》1910 年 4 月 14 日，第 2 版。
② 何凤华等：《十一月十一日上袁宫保禀》，载王照《官话合声字母》，北京：文字改革出版社 1957 年影印本，第 78 页。

统一思潮兴起以后，先通方音切音字再学官音切音字的思路依然有其影响。

1905 年，两江总督周馥欲在其治下推行王照的官话字母。但实际主事的劳乃宣则认为，王书"专用京音，南方有不尽相同之处"。他遂在原谱基础上增加了六个音母、三个喉母和一个入声符号，以便江浙等处"皆可通行"。他还进一步提出可以在其中加入谱中所无的"穷乡僻壤土话"之音。① 两江地区后来的实际做法，就遵照了他的建议。

不过，方音切音字的推动者也都承认，这只是权宜之计。用周馥的话（可能出自劳乃宣）说，添加字母的目的是欲"学者以土音为阶梯，以官话为归宿"。② 推广方音切音字，只是为了在最短的时间内提高民众的读写能力，在此之后，人们还是需要学习国语。也就是说，他们在实际上都主张"两步走"的办法。但随着"统一"意识的持续高涨，这种主张也遭到了强烈质疑。1906 年，上海《中外日报》在报道江宁简字学堂开办的消息时，加了一段按语："中国方言不能画一，识者久以为忧。今改用拼音简字，乃随地增撰字母，是深虑语文之不分裂而极力制造之，俾愈远同文之治也。……今中国以遵王论，以举办之先后论，惟有强南以就北，正毋庸纷纷更变为也。"③

---

① 劳乃宣：《增订合声简字谱》，载劳乃宣《简字谱录》，北京：文字改革出版社 1957 年影印本，第 1—2、65—66、57 页。

② 周馥：《江督周奏推广简字半日学堂片》，载《大公报》1906 年 7 月 13 日，第 5 页。

③ 《述简字学堂办法》，载《中外日报》1906 年 3 月 22 日，第 3 版。

　　劳乃宣读到这段评论后，非常郑重地致函《中外日报》，解释了自己的考虑。他表示，自己也曾思考过"强南以就北"的方案，但细加体察，知其甚难。他指出："文字简易与语言统一，皆为今日中国当务之急。然欲文字简易，不能遽求语言之统一。欲语言统一，则必先求文字之简易。"要求不懂官话的民众同时学会官话和拼音，负担过重，不如径以土音教之，"易学易记"。事实上，学会方音切音字就等于掌握了拼音之法，此时再学官话，只须稍"变其音"，就可以收到事半功倍的效果。故"随地增撰母、韵、声音，非特无损于同文之治，且有益于同文之治也"。①

　　这一争论凸显出时人在国语统一途径问题上的两大主张：劳乃宣等坚持"两次办法"，强调文字简易乃是语言统一的基础；同时，他们也都欲制造一份涵盖各地主要语音的方案。《中外日报》则主张同时实现文字简易和语言统一，在具体途径上强调"强南以就北"，而不考虑各地方言的不同。

　　需要指出的是，两方意见虽不同，但都肯定官音切音字是统一国语的重要推手。劳乃宣虽认为官话字母不便南方民众掌握，但仍力主保留北谱。在与《中外日报》的论战中，他也一直处在"守势"。然而双方的驳辩也提示出一个问题：如果"声音"本身就有待"统一"，则不论"强南就北"还是"引南归北"，都不得不面临相当一部分人"声入"而无法"心通"的困

———————

① 劳乃宣：《论简字学堂办法事》，载《中外日报》1906 年 4 月 27 日，第 3—4 版。

境。 因此，在双方鏖战的同时，另一种见解也日渐受到重视，那就是把包括官话字母在内的切音字皆视为统一国语的障碍。

1909 年，四川省城劝学所教习蒲助孜呈文四川总督赵尔巽，请求推广官话合声字母。 四川提学使司奉命审察此议。现存档案中有份批文，似出自办事人员之手。 大意是说，王照字母适于北方，不适于南方。 "川音虽与官话相近，究有不同，各府州县又各有别。 今据此本以教川人，若必以正确官话教之，则教法繁重，川民必苦其难，而向学者少；且一时难得正确官话之教师。 若仍就各地方音传授，则拼音非同文字，必有彼此不能相通之弊。"①作者虽和劳乃宣见解一致，认为不能直接以官话教授川民；但同时又强调，若以方音教之，必有违国语统一精神，这又分明是《中外日报》批驳劳氏的口吻。 作者的立场实际处于前述两种观点之外，故能"左右逢源"，同时又将二者的主张一齐推倒。

赵尔巽对此表示支持："语言为文字代表。 我国幅员辽阔，方音随地不同，非统一语言不足以传达文明，促进社会。"学部规定学堂设立官话科，"果能实行此法，以官话厘正方言，即以语言就合文字，将来推广学校，渐可统一言语"。 他强调"中国统一官话以文字为主"，意即用"同文之言，以易不同音之语，其奏效不难，而又可无流弊。 此以音变音之法也"。 王

①　本段及下段引文，均出自《署理四川提学使司呈详遵批传验蒲助孜暨详议简字拼音是否适用一案详册》，中国第一历史档案馆藏赵尔巽档案，提取号 87（缩微胶片），案卷号 470。

氏字母"用拼音之法，自为文字，则只能行于语言相同之地"，如"以此音教南人，南人虽得其所教之音，而仍不能以拼原来之语，则是北人所拼者一音，南人与南人所拼者又一音。音既不符，字亦随之而异，此因音为文之法，终于不可通也"。若因此而使各地自行一种文字，"则既足为汉文之障碍，而所谓官话者又不足以通行，其流弊可知矣"。

赵尔巽这一句"语言为文字代表"，与切音字运动以文字为语言之符号的见解恰好相反。双方对切音字在国语统一运动中地位的认知之所以南辕北辙，就是据此而来。切音字运动者思考的重心在"语"。对他们来说，文字本应是记录语言的记号，而汉字与语言则是两套系统。故一方面各地都有一些"无字"之音；另一方面由于方言众多，且缺乏准确的摹音工具，汉字读音常随地方转移，更进一步推动了语言分化。由此，方言歧出的相当一部分责任亦要归于言文分离，而国语统一也可以推动言文一致。

赵尔巽思考的重心在"文"。他也主张统一语言，但他所说的"以语言就合文字"，又谓"以音变音"，实际上是要用"读书音"统一口语音。① 他担心，一旦"因音成文"，则"文

① 何谓"读书音"，语言学界也存在不同看法。罗常培认为"读书音"即"官话"；邵荣芬、忌浮等人则强调，"读书音和说话音的差异是某一个方言内的异读现象"，二者密不可分，"没有超方言的读书音"。参看忌浮《重读〈论龙果夫《八思巴字和古官话》〉》，载耿振生主编《近代官话语音研究》，北京：语文出版社 2007 年版，第 45—48 页；邵荣芬：《切韵研究》，北京：中华书局 2008 年版，第 5—8 页。

随音变"也就无法阻挡了。这样的话，不但语言不能统一，连文字也要分裂，中国必如欧洲一样，分崩离析。《中外日报》的逻辑再一次被运用，结论却大相径庭：《中外日报》反对的是方音切音字，对官音切音字则取肯定态度；而在赵尔巽看来，既然"书同文"被破坏是"因音为文"的路线造成的，那么官话字母与方音切音字亦不过五十步与百步之差，都应是被"打倒"的对象。

其时与赵尔巽意见类似的人还不少。1906年，宋教仁在日记中提出，"中国语言文字，在太古时或杂混不堪。自黄帝平定各酋长而建一帝国，则必行国语统一之法，故命仓颉作文字。自此一行，中国文字遂皆为单纯简秩之语言"。各种词语"皆可以仅用一字一音表明之而无遗义，不须如各国语文一名词、一动词须发二个以上之音而始明，此中国语言特别之处也"。① 这虽是讲古史，然而正是典型的以文字统一语言的思路。在宋教仁看来，也正是这一过程造成了汉语以单音字为主的特征。稍后，一位留日学生也对钱玄同说，"今之语言，渐不典则，犹赖有文字以匡之。若弃文存语，是无皮之毛"，语言又将焉附？② 对这几位来说，文字都是比语言更为重要且能导正语言的因素。需要注意的是，他们所说的"文字"是个广

---

① 宋教仁日记（1906年10月7日），载《宋教仁日记》，长沙：湖南人民出版社1980年版，第266—267页。
② 钱玄同日记（1909年11月2日），载《钱玄同日记》第2册，福州：福建教育出版社2002年版，第845页。

义的概念，包含了书面语（词汇、语法等表达方式）、读书音等不同层面在内。不过，即使是读书音也是以狭义的文字为中心的，和切音字运动以"声音"为本的观点恰是背道而驰。

简单说来，文字在国语统一运动中地位的提升，经过了一个从对官话切音字加以肯定，到切音字被剥夺"文字"资格，再到"以文字统一国语"成为官方政策的过程。其中一个关键问题即是是否允许增添方音切音字的讨论。尽管劳乃宣反复强调"两次办法"的必要，但显然未被广泛接受。1910年资政院接到的要求推广切音字的五份文件，都把国语统一作为核心论据之一。这些说帖时常引用劳乃宣的话，可是它们要求推广的均为"官话简字"。而在严复起草的审查报告中，除了规定将切音字定名为"音标"，还明确规定其"用法"为"范正汉文读音"和"拼合国语"。前者意在"令全国儿童读音渐趋一致"，以收"统一之效"。后者的具体目标有二：一是开启民智，以服务于"主流以下之人民"；二是融合各地民众的感情。这里的要点是"以语言济文字之穷，又得音标为统一之助"。[①] 在此视野下，文字才是中心，语言和音标只能起辅助作用。

1913年召开的读音统一会可以看作"以文字统一国语"政策的正式启动。吴稚晖曾专文介绍该会得名的缘由，"普通得称为语，约含两种性质"：一指"说于口中，限于方隅之达意声

---

① 严复：《审查采用音标试办国语教育案报告书》，载本社编《清末文字改革文集》，北京：文字改革出版社1958年版，第134页。

响"；一指"写于纸上，别于文学之浅易文字"。与此相应，所谓"音"亦有两种：一是"口音"；一是"读音"。口音、读音原本"互相关联。以广义言之，宜同时求其统一"。但在"进行程序上，遽从广义命名，含混其词，称为国语统一会，则读音口音，歧见纷起，无益于实在"，故"毋宁先从一部分之读音"做起，"将各有文字可凭之读音，讨论既定，而后即借读音之势力，用以整齐随地变动、止有声响可凭之口音，则有执简御繁之效益矣"。这就意味着"以文字为讨论之目的物"。① 换言之，"言同音"须以"书同文"为前提和途径，切音字运动对于语言和文字关系的理论在实际上被颠倒了过来（当然，这已是充分考虑到"语言"之后的"文字"了）。吴稚晖这段话正可视为对赵尔巽"以语言就合文字"一语的最佳注脚。而在整个民国时期，以文字统一语言的主张成为官方语言政策的基本内容，不断得到重申。② 这成为国语运动一个最重要的特征，亦使国语和汉字成为一对不可分开的"难兄难弟"。尽管它们之间也未必一向和谐，但一旦离开汉字的引导和辅正，国语也就成为无源之水、无本之木。

---

① 吴稚晖：《读音统一会进行程序》，载《吴稚晖先生全集》第 5 卷，台北："中国国民党中央委员会党史史料编纂委员会"1969 年版，第 103、105 页。
② 如《教育部训令》(参字第 50122 号)，1945 年 10 月 4 日，广东省档案馆藏民国时期广东省政府档案，档案号：5 - 2 - 64；又见陕西省档案馆藏国立西北大学综合卷，档案号：67 - 5 - 368。《广东省政府训令》(教字第 28150 号)，1947 年 3 月 21 日，广东省档案馆藏民国时期广东省政府档案，档案号：5 - 2 - 23。台湾省国语推行委员会：《国语运动纲领》，日期不明，中国第二历史档案馆藏国民政府教育部档案，档案号：5 - 12295。

第四章

国语与国民

"民族"与"民权"都是19世纪末20世纪初引入中国的观念，受其影响，中国现代国家建构也同时在理论上接受了两个原则：一是政治、经济、文化乃至国民心理和情感的一体化；二是国民身份和权利的平等化。二者虽有相当程度的重合，但也存在持续的紧张。作为民族国家建设的重要组成部分，国语运动无可避免地卷入它们的张力之中，这点尤其可以从20世纪上半叶有关国语语言标准的论争中看出。这一论争围绕两个分论题展开。第一个是，哪种语言才有资格成为国语？第二个是，谁才具有确定国语的资格？

　　在时人围绕国语语言标准问题形成的意见社群中，影响最大的有两派：一派要求把北京话定为国语；一派则要会通"异言"，另成准则。为了表述方便，我们姑且称之为"京话派"和"会通派"。这两大社群势均力敌，各自都在争取官方的认可和舆论的支持。本章的意图是通过重建这一论争过程，观察不同地域、阶级群体是如何争取"代表"国家的权利的，一体化与平等化两大原则的紧张与互动对国语运动产生了何种影响？ 同时，更进一步地了解这些论争透露出时人对"中国"抱有什么样的理想？

为便于理解，这里先对几个关键词略做解说。 一是"官话"。 一般认为，明清官话主要有两大系统：南方官话和北方官话。 前者称为"南音"，代表方言是南京话；后者称为"北音"，代表方言是北京话。 二者孰为官话的"基础方言"，语言学界颇有争议。 但在 20 世纪初，北京话显然已占上风，很多人所谓"官话"就是指北京官话。 不过，也有用它来指"南腔北调"的"普通官话"或"蓝青官话"的。 故文献中的"官话"一词，究竟所指为何，必须根据上下文加以辨析。 二是"北京话"。 这个语汇的所指看似清晰，但实际模糊程度也不小，有时指北京"官话"，有时指北京"土话"，具体所指往往视论者的主观意旨而定：支持京话者多取前一义项；反对者因要贬低京话，多用后一义项。 此外，今日区分得很清楚的"北京音"与"北方音"，时人亦大多混用。 此外要说明的是，语言大体可分语音、语汇、语法三个层面。 汉语方言的差别主要体现在语音方面。 时人所谓"京话""官话""方言""国语"，常常就是"京音""官音""方音""国音"（有时也兼指语汇、语法）。 本章虽以标准音的争论为主，但为了照顾发言者的实际论述脉络，也须时而兼顾其他几个层面，以保持历史本身的模糊和多元。

如前所述，20 世纪初，"语言统一"已经成为新派人士的口头禅（参看第三章）。 但喊喊口号容易，真正付诸实践，就不能不面对一大堆实际问题，其中首要的问题是，用什么语言来做统一的标准？

面对这个问题，无论是民间还是官方，很多人第一个想到的就是北京话。1910年，《大公报》以《论统一国语之方法》为题征文，应征者几乎是一面倒地支持京话，仅有少数人提出不同主张。可见，京话已享有社会优势地位。同时，来自异国的例证也强化了它的说服力。有人认为，以"京话"为国语是世界各国的"通例"。[①] 但这一时期地方自治和民权观念流行，以首都为凭，不但未必有益，甚且可能失分。《大公报》上一位江西籍作者即语带酸咸地暗示，以北京话为正音，乃是以君权压人。[②] 章太炎更是直接把政治原则搬过来："夫政令不可以王者专制，言语独可以首都专制耶？"[③]

造成京话失分的另一原因来自"种族"方面。在时人印象中，京话常和满族人连在一起。对于那个时期的"排满"派来说，这适成北京话的一个"污点"。吴稚晖强调："所谓官音，官者，言通用也，言雅正也。"南方话固"杂有蛮苗之音"，北方话"亦未尝不杂胡羌之声"，当"以今人南腔北调多数人通解之音为最当，其声和平，语近典则，即可以为雅正之据"。但使他愤怒的是："近日专以燕云之胡腔，认作官话，遂使北京之

---

① 刘照藜、陶楠：《陈请资政院推行官话简字说帖》，载本社编《清末文字改革文集》，北京：文字改革出版社1958年版，第132页。

② 《论统一国语之方法》，载《大公报》1910年11月30日，第6页。

③ 章太炎：《规新世纪（哲学及语言文字二事）》，载《民报》第24号（1908年10月10日），第24页。

鞑子，学得几句擎鸟笼之京油子腔口，各往别国为官话教师，扬其狗叫之怪声，出我中国人之丑，吾为之心痛。"[1]他特别在"官话"和"京话"之间划清界限，表现出浓厚的民族情绪。

这也与中国文化传统中一个源远流长的主题——雅俗之分有关。雅俗之分主要来自文化上的阶级意识，但也常以地域意识的面貌展现出来。近世以来，吴越地区文化水准远超北方，江南士人自视先进，北方士人则明显底气不足。王照书中收录的一位名为"长白老民"的人写文章说，北人"因二百余年常隐然畏南人斥吾之陋，故务作高雅之论，不敢言推广京话，以取南人讥笑"；南人"则狃于千数百年自居文明之故见，以为惟江南为正音"，更看不起京话。[2] 这是很敏锐的观察（虽然未必切合"言论界"的情况）。其时倡导语言统一的都是读书人，分别雅俗自在情理之中，而这势必给京话派造成不小的压力。

这些争论存在一些明显的分界，其中较突出的是地域界线：支持京话者多为北人，反对派几乎均为南人（又以吴越人士为主）。但双方也都不愿被视为乡曲之士，故拥护京话者竭力证明京话的通行范围最广，反对者则反复强调京话的资格不足，二者皆欲展现自己占据的是"多数人"的立场。此外，官民、夷夏、雅俗等各种视角皆被引入讨论，在开拓论证空间的

---

① 吴稚晖：《书神州日报东学西渐篇后》，载《吴稚晖先生全集》第5卷，台北："中国国民党中央委员会党史史料编纂委员会"1969年版，第55页。
② 长白老民：《推广京话至为公义论》，载王照《官话合声字母》，北京：文字改革出版社1957年影印本，第59—60页。

同时，也削弱或掩盖了论点中的地域色彩：官民之分和夷夏之别，各自从民权和民族理论中获得了营养；至于雅俗之辨，在中国文化传统中，本来就具有区分"天下性"与"地域性"的功能。这样，在新旧思想资源的共同作用下，采用"多数人"的语言，成为确定国语标准的一个不言自明的规则。

替代京话的方案自然也应满足这个条件。从今日语言学立场看，吴稚晖所提"官音"的标准其实非常模糊，但他本人显然未虑及此；重要的是，"南腔北调"听来似乎就更能代表"多数"，反对者也无法将之归为"方言"，京话则在字面上就很容易被认作北京土语。其实，方言和国语并无必然对立，国语完全可以建立在某一方言的基础上。惟在反对京话者看来，一种语言要代表全国，就必须尽量割断其与特定地域的关联，既然是"全国的"，自然就不能是"地方的"。

在这种情形下，会通派呼声日高。章太炎即是其中一位。面对莫衷一是的局面，章氏提出："以《唐韵》为准，而官音、土音，违者悉非，合者悉是。"他反对像西方人一样，把首都音理所当然地视为正音，其理由是，中西语文性质不同，西语发音无定则，"惟强是从，惟用是便"，自可"强取首都为定"；汉语发音有"定律"，就该严守学理，"不从乡曲，不从首都"。① 他力主应"上稽《唐韵》，下合字内之正音"——所谓"字内之正

---

① 章太炎：《与人书》，载《章太炎书信集》，石家庄：河北人民出版社 2003 年版，第 267 页；《规新世纪（哲学及语言文字二事）》，载《民报》第 24 号（1908 年 10 月 10 日），第 24 页。

音"，在他那里主要是指武昌音，但鉴于"武昌亦有一二华离"，故应广泛取材，以为补助，"合天下之异言以成新语"。① 其弟子钱玄同也斩钉截铁地说，要"代表全国"，就必须"用《广韵》不可"。② 《广韵》由宋人在《切韵》《唐韵》基础上修订而成，亦是会通异言的产物。

独用京话和会通异言这两种方案的社会效应并不对等：前者最有利于北人；后者则要求各地人民皆须放弃一部分语言习惯，接纳其他方言的某些成分，麻烦程度虽不均等，却没有一处地区可以免除。 这就又把讨论带回到"平等"问题上：国家是全体国民意志的体现，必须维持人民的平等，但实际的国民又个个不同。 他们直接面对的与其说是国家，毋宁说是地域、阶级——他们的认知歧异主要是由这些次级认同决定的。 京话派认为，京话本是各地语言交融的结果，且为多数人所共喻，即是当然的国语；但反对者认为，京话仍是一种方言，并不能代表全国，强迫大家都来说，即是不公。 因此，与其说他们争论的是语言学问题，毋宁说他们是在表达对平等的诉求：钱玄同所说的"代表全国"和章太炎所说的"尽天下之化声"皆是此意。

两大意见社群都赞同国语应"代表全国"，而"全国"又往

① 章太炎：《规新世纪（哲学及语言文字二事）》，载《民报》第 24 号（1908 年 10 月 10 日），第 24 页；《驳中国用万国新语说》，载《民报》第 21 号（1908 年 6 月 10 日），第 4、5 页；《与钱玄同》，载《章太炎书信集》，石家庄：河北人民出版社 2003 年版，第 101 页。
② 钱玄同日记（1910 年 1 月 12 日），载《钱玄同日记》第 2 册，福州：福建教育出版社 2002 年版，第 954 页。

往被置换为"多数人"。但"多数人"又是谁？如何证明自己之所欲即可代表多数？所谓"多数"，是指人口之多寡，抑或涉及流通地域之广狭？其时中国并无站得住脚的人口普查数据，更谈不上全国性的语言调查，故没有任何一方可以拿出具有高度说服力的证据。要证明自己的主张，必须通过各种"非语言学"的手段来争取——事实上，一种语言是否具有代表性，一般也并不取决于其在语言学上的特征，而是取决于社会和政治条件。国语不仅是一种"共通语"，也是经国家权威机关正式认可的"标准语"——凡"标准"，自不免带有一定的强制性。民间的各种方案，如不能获得认可，就只能是"方案"。故虽然人们竭力把国语与官府区隔开，却必须重视官方态度。这样，此一问题也被转化为在官方层面争取"多数"席位的问题。

这两种舆论取向在官方或半官方层面也都有所体现。清末学部发布的一系列政令都要求推行"官话"，却并未指明为何种官话；相当一部分官员自动将之理解为北京官话，学部对此亦表示默许。然而，学部1906年的一份咨文又指出，制造切音字，必须以"通行全国"为原则，"决不能据一二省之方音为标准，而强他人之我从"。咨文特别提到，京音无入声，而他省有之，"自不能一概抹杀"。① 则其所持又为会通立场。

---

① 《学部咨外务部文》，载本社编《清末文字改革文集》，北京：文字改革出版社1958年版，第69—71页。

1911 年夏由学部组织召开的中央教育会议上，代表们围绕着国音标准问题分裂为京音和官话音（这里的官话指普通官话）两派。而会议最后通过的《统一国语办法案》规定，发音"宜以京音为主"，惟必须添加入声。① 这显然又是两派调和的产物。然而，此会之后紧接着举行的各省教育总会联合会议却通过了一个完全相异的《统一国语方法案》，"以京音为标准音"，"以京话为标准语"。② 全不提官音与官话。这两次会议虽性质不一（前者代表官方，后者是民间性质的），却都是代表"全国"的，而且几乎同时举行，与会代表也有相当程度的重合。决议相左若斯，各种意见竞争之激烈，可想而知。

不久，辛亥革命爆发，这些决议案也无形打消。1912 年12 月，教育部发布《读音统一会章程》，以读音统一会为筹备国语统一事务的官方机构，聘吴稚晖为会长。吴氏拟定了一份《读音统一会进行程序》，规定了具体的操作流程：选定一批汉字，"每字就古今南北不齐之读音中，择取一音，以法定之形式公布之，名之曰国音"；"异日就国音而发近文之雅语，作为全国交通之媒介，即名之曰国语"。简言之，即是由"读音"生"国音"，由"国音"生"国语"（参看第三章）。他一向力主会通，此次亦不例外。其重要的论证角度有二。一是学理上

---

① 《学部中央教育会议议决统一国语办法案》，载本社编《清末文字改革文集》，北京：文字改革出版社 1958 年版，第 143 页。
② 《各省教育总会联合会第一次报告·统一国语方法案》，载《申报》1911 年 8 月 17 日，第 2 张后幅第 2 版。

的。"文字读音之长短清浊",不能在一地口音中"得其完全",故亦"不能简单指定某城某邑之音"为准。 二是法理上的。"国音"者,其意盖谓:此音为全国派人会议所公定,是为国有之音,非复北有南有京有省有县有"。① 根据章程,统一会由两部分人组成:一是教育部延聘员,"无定额";一是各省代表,每省 2 人,蒙、藏代表各 1 人,华侨代表 1 人。② 其组织形式有意模仿议会,体现了"全国性"。 为了公平起见,京音派的主将王照被选为副会长(因会长吴稚晖属于会通派)。

读音统一会事权重大,自然也成为各派都要坚守的战场。会议还没开始,各种议论就纷纷扬扬;其中争议最激烈的,仍是如何对待京音的问题。 吴稚晖会前就想到京音派势力庞大,不可小觑,故而断言,会议结果"必大段不离于人人意中之官音,粗率遽称之曰北音亦可"。 但他还是坚持认为,北音在入声、浊音两面"皆留不甚完全之弱点",国音既"为一国之所有事,即不能率言标准于一城一邑之北音"。③ 果如其所料,会议开始后,浊音和入声就成为双方斗争的焦点。 杜亚泉、马体乾、王照等大力反对保留浊音和入声。 朱希祖对他们大加批

① 吴稚晖:《读音统一会进行程序》,载《吴稚晖先生全集》第 5 卷,台北:"中国国民党中央委员会党史史料编纂委员会"1969 年版,第 104—105 页。
② 《教育部公布读音统一会章程令》,载中国第二历史档案馆编《中华民国史档案资料汇编》第 3 辑"教育",南京:江苏古籍出版社 1991 年版,第 768 页。
③ 吴稚晖:《读音统一会进行程序》,载《吴稚晖先生全集》第 5 卷,台北:"中国国民党中央委员会党史史料编纂委员会"1969 年版,第 106、105、107—108 页。

驳，认为这样的结果必使人无法再读古文学。① 双方很快就演成意气之争。 江苏代表汪荣宝称："南人若无浊音及入声，便过不得日子。"王照却说，字母加入浊音，"是以苏浙音为国音，我全国人民世世子孙受其困难"，因称读音统一会为"苏浙读音统一会"。②

读音统一会最终决定采用投票表决的方式来确定国语标准。 这样，各省参会人数就成为一个决定性因素。 此次会议代表实到 44 人，来自 24 省。 由于部聘会员和部员代表的加入，加上有些省份会员又不足额，代表的籍贯分布严重不均：江苏最多，17 人（其中 1 人代表安徽）；其次是浙江 9 人、直隶 8 人；其余各省 1 到 4 人不等。 王照对此非常敏感，联合各省代表 23 人提出，统一语言，"自应取决于多数"。 但参会议员各省不均，若以人数来算，显不公允，应以省为单位，"每省无论员数多寡，止作为一表决权"。③

王照的建议立即获得通过，却使得朱希祖、马幼渔等章门弟子及汪荣宝等颇感不满，双方差点为此发生斗殴。 不过，在讨论读音阶段，吴稚晖提出不标四声，在实际上回避了入声问题，其结果反使"浊音、入声委曲保存，并默照《音韵阐微》

① 朱希祖日记（1913 年 2 月 24 日）（1913 年 3 月 3 日），载《朱希祖日记》上册，北京：中华书局 2012 年版，第 96、99 页。
② 黎锦熙：《国语运动史纲》，上海：商务印书馆 1934 年版，第 58、59 页。
③ 周明珂等：《关于表决方法的提案》，载本社编《1913 年读音统一会资料汇编》，北京：文字改革出版社 1958 年版，第 35—36 页。

读法，四声并不移易"①。 而会议通过的"记音字母"（后称
"注音字母"），也最终采用了章太炎制定的方案。 从结果来
看，实际是会通派取得了最后的胜利。

　　读音统一会上混杂了各种矛盾。 首先是地域问题，京音派
和会通派之间，似乎隐隐存在一条南北界线：前者以北方人为
主，后者以南方人为主。 不过，此事也并非简单的南北之争：
在王照提出的表决方法提案中，署名者虽以北人为主，但也有
好几位南人（包括浙江代表杨臞）；浙人杜亚泉也反对以《广
韵》开读，唯其意不是要维护京音，而是考虑到国音"必使全
国之人皆能读之，故必取全国皆有之音以为准。 若其音为某处
所无，则强其发此音，在势为不可能"。② 北方人口中既无浊
音和入声，此二者便非"全国皆有"，自不能入选。 湖南代表
舒之鎏、周明珂更明确表示，读音统一会制定的乃是"公音"，
自不能为地域观念所囿。 山东代表张重光的意见虽有所出入，
也用了一个"公"字："各处音素多寡不同"，强迫彼此相习，
不免此难彼易、参差不齐，显属不公，故国音应是各地语音中
的"最高公因数"。③

① 朱希祖日记（1913 年 3 月 4 日）（1913 年 3 月 5 日）（1913 年 3 月 11 日）（1913
　年 3 月 12 日），载《朱希祖日记》上册，北京：中华书局 2012 年版，第 100、
　102、107 页。
② 杜亚泉（伧父）：《论国音字母》，载《东方杂志》第 13 卷第 5 号（1916 年 5 月
　10 日），第 3 页。
③ 舒之鎏、周明珂：《论于本会读音统一意见书》，张重光：《审定国音之讨论》，
　均载本社编《1913 年读音统一会资料汇编》，北京：文字改革出版社 1958 年
　版，第 53—55、67 页。

引发争议的另一个焦点是古今音。 所谓"今音"实际即隋唐旧韵书如《广韵》等所载之音,"古音"即所谓上古。 古今音之所以成为一个争论焦点,和京音问题乃至雅俗之分都有关系。 汪荣宝就从抵抗京音的立场出发,宣称:"宁存古法,不滥从方音。"①他所谓"方音",也就是京音。 不过,此中更深层的争论则涉及如何对待文化传统的问题。 古音派的顾实宣称:"堂堂教育部,开一读音统一会,必有以副国定之名义。国必有历史,音韵由来,即音韵之历史。 本于历史而求其发达,方不负国定之名义。"②他之所以站在古音一边,正是出于维护国家历史的考虑。 不过,今音派的朱希祖等人大力维持浊音和入声,亦根于同一心理。 双方都赞同在国音中保持历史的连续性,所谓"今音"其实也还是"古音",双方真正的争执点是在学理层面。 但我们也不能把"国家""历史"这些表述看成是门面话,而应看作他们思考问题时的重要参照点。

无论是地域之争还是古今之争,都和大家对"国家"的认知有关:前者关注的是如何在维持统一的前提下保障不同地区人民的平等权利,后者关注的是怎样实现现代与传统的调和。对有些学者来说,国音标准的确立也被视为一个塑造理想中国的手段:王照主张京音,主要是为了在民众中普及教育;吴稚

① 朱希祖日记(1913年2月28日),载《朱希祖日记》上册,北京:中华书局2012年版,第98页。
② 顾实:《注音字母之商兑摘要》,载本社编《1913年读音统一会资料汇编》,北京:文字改革出版社1958年版,第36页。

晖则是希望通过国音改造国民心理。吴稚晖认为，声音之道与"民气"相通：无入声，则人民"或刚断有余，而木强不足"；无浊音，则人民"或慷爽有余，而沉雄不足"。① 欲使国人自强不衰，必须保存入声和浊音。在会场上，他更是出语惊人："浊音字甚雄壮，乃中国之元气。德文浊音字多，故其国强；我国官话不用浊音，故弱。"为此，他还"试唱一段弋阳腔，以证其雄壮之浊音焉"②。

胡以鲁则延续了夷夏之辨的主题，把汉语语音的变化归结为异族侵略的结果：五胡乱华，中原语音已经不纯；宋末"外患最烈"，中原民气大损，"于是发之于声也哀以嘶"，遂多"软化之韵、头部共鸣之音（Head voice）"；入清以后，满语渗入直隶方言，更助长了这一趋势，京片子尤为"文弱"，乃"据音声以观社会心理者"所不取。更糟糕的是，北京建都六百余年，此类音声传遍全国，大大腐化了国人斗志。③ 要恢复民族"元气"，就要从语音改革开始。在此意义上，国语制定关系着整个中华民族的命运——国家的未来系于国民，国民的情志赖于国语。选择什么样的语音，就会培养出什么样的人民。潜移默化，可不慎乎？

---

① 吴稚晖：《读音统一会进行程序》，载《吴稚晖先生全集》第 5 卷，台北："中国国民党中央委员会党史史料编纂委员会"1969 年版，第 108 页。
② 黎锦熙：《国语运动史纲》，上海：商务印书馆 1934 年版，第 59 页。
③ 胡以鲁：《国语学草创》，上海：商务印书馆 1923 年版，第 89—90、97 页。

民权主题也在这一时期的讨论中得以延续。广西代表蒙启谟强调，官话（京音）改名"国语"，"犹之改专制为共和，招牌已换"，实质亦就此不同，为何不可采纳？[1] "专制""共和"等政治词汇及其背后的政治思想，为蒙氏提供了新的论证空间。而在其思考中，国语和国家政治被看作平行且同构的一体之两面。同样，面对京音派的咄咄逼人，吴稚晖坚不相让，也祭出"共和"的法宝，质问对方，"热心共和如诸公"者，"胸中尚不免有赫然帝都之意乎矣？"[2]他力主采用票决方式，也是因为这合乎"共和"原则：学理相持，"取决多数"虽非"最好的（因尚有少数不合意）"，却是"最适的（因多数合意）"。[3]

显然，读音统一会的争论表面上是围绕着语言展开的，实际上各方均有自己的政治考量。"国语""国家"因此与"国民"产生了一种密切关联，使其获得了强大的政治能量，成为重要的权力资源，而立场各异的人们试图在其中争夺属于自己的份额。

类似的情况在 20 世纪 20 年代的"京国之争"中再次发生。第二章已经概述了这场争论的大体情况，这里只须展示政

---

① 蒙启谟：《读音统一会会员蒙启谟等提议》，载《中华教育界》第 2 卷第 5 期（1913 年 5 月 15 日），第 34 页。

② 吴稚晖：《致读音统一会诸先生书》，载《吴稚晖先生全集》第 5 卷，台北："中国国民党中央委员会党史史料编纂委员会"1969 年版，第 130 页。

③ 吴稚晖：《答评国音字典例言》，载《时事新报·学灯》1920 年 11 月 28 日，第 4 张第 1 版。

治因素在其中的运用。 张士一反对读音统一会所定国音，有一个理由是，统一会的国音是用投票方式选出来的，实际是用"政治"手段解决学术问题，故这种"国音"是"冒牌"的，只可说是"会音"。① 这就引出了一个问题：谁才有"代表"国家确定国语标准的资格？ 按理说，读音统一会是教育部设立的官方机构，其决议当然具有法定效力。 国音派的范祥善1921年为"国语"下定义时，便着意指出，得冠以"国"字者须合三条件。 一是"事实上"的标准，"必为全国最大多数的地方人能知能行的"；二是"法律上"的标准，"必是全国派人所公定的"；三是"作用上"的标准，"是要全国的人拿他做准则的"。② 第二条特别强调"国"字的法理依据，正是为读音统一会量身定做。 但朱希祖等当年已经对票决方式表示反对，张士一也是沿着这个思路往前走。

一向与吴稚晖不睦的顾实立刻站出来以读音统一会代表的身份揭发道："国语统一会不过教育部之咨询机关，不能代表国家，必经国会议决或国会委托议决方可为之国音。"③不过张士一对于顾实的相助并不领情，强调自己是站在"学理上"思考问题："国音"之所以不能成立，是因其没有学理依据，即使经

---

① 张士一：《国语统一问题》，载《新教育》第3卷第4期（1920年），第434—443、447页。
② 刘儒：《国语教学法讲义》，上海：商务印书馆1922年版，第7页。
③ 顾实：《评国音字典例言》，载《时事新报·学灯》1920年11月24日，第4张第2版。

过国会议决，他仍不会承认它的合法性。[①]

把学术和政治区别对待，是京音派的一个重要观点。顾实说，世界各文明国皆是以国都的语言为国语的。然而1913年开会时，"丁革命之余威，群以燕京为故清窟穴，鄙视其言语，几等豺嗥狗吠"，而不愿取京话为准，复因"争民权"之故，不喜"官话"中的"官"字，这才诡以"读音统一会"代"国语统一会"，意在"避世人之攻击"也。[②]京音派的周铭三据此认为，统一会之所以不选京音，"完全是根据革命心理的。但是革命心理，能长久么？"[③]其实，顾言虽非全无依据，但当日情事绝不这般简单。不过，周铭三的话也提示出，随着时局演变，学人心态也有了变化，民初流行的一些政治观念的重要性明显降低了。

这也表现在地域意识的淡化上。其时有人指责主张京音的"大半北京人"[④]，这是典型的望文生义。此时京音派的主力实为南人，而拥护国音一派的黎锦熙、吴稚晖、陆衣言、范祥善等也都来自南方。故这场争论绝非南北地域观念的冲突。不过，参与讨论的人却不能不顾及地方因素的存在。黎锦熙就

---

① 张士一：《国语问题和研究态度》，载《时事新报·学灯》1921年3月4日，第4张第1版。

② 顾实：《评国音字典例言》，载《时事新报·学灯》1920年11月24日，第4张第1版。

③ 周铭三：《国语问题的问答（二）》，载《时事新报·学灯》1921年1月30日，第4张第2版。

④ 黄泽人：《国语到底怎么样进行》，载《时事新报·学灯》1921年6月29日，第4张第2版。

担心"京音"一名会"引起全国多数地方的反感"。① 钱玄同更以其一贯的语调怒骂:"首都有什么希奇? 他从什么地方取得'弁冕全国'的资格? 以前专制时代,皇帝是'小民'的元首,于是首都就妄自尊大起来,有什么'首善之区'的谬说。但是制定标准音,还不能不'以帝王都邑参校方俗,考核古今,为之折衷'。 那么,现在共和时代,驻在首都的总统,只是国民雇用的公仆,和'元首'绝对相反,难道反该不参方俗,不考古今,用纯粹的北京音来作全国的国音吗?"②然而京音派并不认为这是个问题。 一位作者提出,讨论国语应"无我见",包括团体之"我"。"从前有人绝对不赞成用京语做标准,以为倘若用京语做标准,真是自己甘心做奴隶了",实是"意气用事"。③ 京音派人士以为,让南人遵从京音并非就是不公,"既求语言统一,既要学习国语,便多费点力也不妨"。④

整体看,这次论战双方的多数人确实也都能围绕具体学理和实践展开,但政治和社会心理因素也并非不起作用:张士一本人就饶有深意地提示读者,读音统一会审定国音,根据的是

---

① 黎锦熙:《国语运动史纲》,上海:商务印书馆 1934 年版,第 96 页。
② 钱玄同:《国音沿革六讲》,载《钱玄同文集》第 5 卷,北京:中国人民大学出版社 1999 年版,第 118 页。
③ 国人:《国音国语的讨论》,载《时事新报·学灯》1921 年 6 月 15 日,第 4 张第 1 版。
④ 何仲英:《为国音国语问题和陆费逵君商榷》,载《时事新报·学灯》1921 年 4 月 1 日,第 4 张第 1 版。

"前清钦定的《音韵阐微》",故《国音字典》"不过是一部再版的满清皇室《钦定音韵阐微》"——暗示共和时代的"国音"其实仍是建立在专制皇权的基础上。① 顾实听出其中的弦外之音,也马上在吴稚晖的《国音字典例言》中发现了"皇帝"的身影:"其说盖出于大清皇帝之《钦定音韵阐微》。 我不意大中华民国之《国音字典》,而亦拜倒于大清皇帝之裤下如此也。 ……原来只是崇拜满清皇帝之《钦定音韵阐微》,则此《国音字典》亦自有皇帝臭味,可谓第二《钦定国音字典》也。"②

吴稚晖并不屈服,立即反唇相讥:"顾先生竭力要把大清皇帝一语,惹起第三人的反对,这真是先生的不得已。 同他当时反对大清皇帝的北京,反对大清皇帝所说的内城京话,同是一副精神。"其实,当初用《音韵阐微》做审音底本,是因其"母等声韵的较全"。 国音由"读音统一会多数决定",绝非"专制"的产物。 而统一会本身即是法定机关,当然有代表全国的权力;事实上,也并非所有冠以"国"字的物事皆须国会通过。 他同时以其人之道还治其人之身:"大清皇帝钦定的《音韵阐微》,已做了无定河边之骨,现在止盼望顾先生,却不用帮助大清皇帝的内城京话,弄到唯我独尊起来。"③

---

① 张士一:《国语统一问题》,载《新教育》第3卷第4期(1920年),第436页。
② 顾实:《评国音字典例言》,载《时事新报·学灯》1920年11月24日,第4张第2版。
③ 吴稚晖:《答评国音字典例言》,载《时事新报·学灯》1920年11月28日,第4张第1版。

同时，从共和角度反对京话的思路也还有效。陆费逵就质问："从前做官还可以说不纯粹的京话，现在做国民何必一定要说纯粹的京话，不替全国大多数图便利呢？"①"从前"与"现在"、"官"与"国民"、"不纯粹的京话"与"纯粹的京话"，构成两两对立的平行关系，政治意味一目了然。一位反对京话的南方作者也提出，过去人们"信仰京语，不过是羡慕说官话是做官人，因而以为说京话为荣"。在共和时代，"这种恶劣思想，还要助长么？"北京只是"政治中心"，并非"教育中心"，"言语上的阶级色彩一定很鲜明"，不应提倡。②对此，张士一表示，"羡慕做官人而以说京话为荣的思想"确实存在，但并非全部。他更不同意说北京"单是个政治中心"，以为对方此言只是为了"把'阶级色彩'四个字牵上去"。其实，各种方言皆有"阶级色彩"，该作者"所认为标准的'普通话'，也就是叫做蓝青官话。'官话'不是也可以说很有'阶级色彩'么？"③显然，"国语"这一概念背后所依托的民族国家理论，本就是一种鲜明的政治诉求，即使是张士一本人，也不能完全摆脱政治立场的考量。

从夷夏之辨的角度质疑京音纯正性的思路，也没有随着

---

① 陆费逵：《我对于国音国语的意见》，载《陆费逵文选》，北京：中华书局 2011 年版，第 279 页。

② 正厂：《评〈再论究竟怎样去统一国语〉》，载《时事新报·学灯》1922 年 4 月 4 日，第 4 张第 2、3 版。

③ 张士一：《三论究竟怎样去统一国语》，载《时事新报·学灯》1922 年 5 月 14 日，第 4 张第 3 版。

"五族共和"消失。 周铭三列举的各种反对京音的理由中，就有一项：京音"是否仍为纯粹中国之国音，抑或自五胡乱华以后，已有满蒙音羼杂其间？"①陆费逵则说，京话之所以不纯，是因"满人说的国语不甚正确，后来汉人反学满人不正确的话，所以后来变成满人的京话好，汉人的京话差了"。 为此，他还以戏曲为证："京戏是国音京调，只有太监出来是京音京调。"②他这么说显然是有意令人想及奴才，颇具杀伤力。

"京国之争"最后以京音派的胜利而告终。 如同第二章已经指出的，那主要得力于他们借助于新文化运动时期盛极一时的"活文化"与"死文化"这样的区分语汇，将之运用到语言上，从而获得了话语上的主动权，有效地引导了舆论形势。 至于他们所采用的那些政治性的术语和判别对错的方式，并没有起到决定性的作用。 不过，这种"事后诸葛亮"式的聪明并不能否定他们曾积极地将政治性视角引入国语讨论中。

从晚清至民国，有关国语标准的论争持续不断，其中贯穿着一个基本议题：如何塑造一个既能凝聚国人认同，又能满足各种群体平等诉求的一体性文化？ 其焦点则可用"代表全国"四个字概括。 国语运动犹如一个竞技场，为不同人群表达他们基本的利益诉求提供了空间。 更进一步地说，它不仅涉及何种

---

① 周铭三：《主张京音京语的·其二》，载朱麟公编《国语问题讨论集》第二编，上海：中国书局1921年版，第7页（类页）。
② 陆费逵：《我对于国音国语的意见》，载《陆费逵文选》，北京：中华书局2011年版，第280、281页。

语言能"代表全国",也涉及谁有权力来确定这个资格。 在这一问题上,"主权在民"的理论对论辩起到了相当程度上的支撑作用。 而所谓"民"在这里,又被理解为一个以数目字取胜的主体:在国语标准争论中,除少数例外,"取决于多数"几成共识;尽管谁才代表多数,大家皆自说自话。 当然,这样说并不意味着将学理的因素完全排除在国语运动的发展线索之外,但国语本身乃是政治诉求、文化传统与学术考量共同作用下的产物,政治是其中一个不可轻忽的动力,殆无疑义。

第五章

为中国语言争得国际地位

中国现代语言学诞生于 20 世纪初。　作为西学东渐的产物，它从一开始就处在国际学术的影响下。　在民国时期，引起中国语言学家浓厚兴致的一个问题是，在人类语言进化史上，汉语究竟处于何种地位？　这个问题本由 19 世纪西方的一些语言学家提出，他们也给出了答案，但这些答案大多并不能令中国人满意；因此，中国的语言学家不得不做出自己的回答。　此中的关键在于，自社会进化论在晚清传入以来，中国人一直受到一个问题的困扰：中国文化在人类文明进化阶梯上究竟处于哪一阶段？　这一问题的答案直接关系到中国文化乃至整个国家生命运势的最终走向，汉语的进化地位问题则被视作这个大议题中的一个重要分支。

　　20 世纪上半叶中国语言学界对汉语进化地位的讨论，既是中外语言学家之间的专业对话，又构成了他们各自与外部世界对话的一部分。　从字面上看，汉语进化地位的问题至少指涉了三个层次：一是对汉语性质的认知；二是对人类语言整体图景的把握；三是对语言进化序列的勾勒，并在其中为汉语定位。
第三个层次是问题的核心：由于不同语言学家所持的进化标准
不同，他们在前两个层次的问题上也得出了不同的答案。至于
语言进化标准的选择，并不完全由学理决定，而是语言学理论
和各种文化性、政治性考量互动的结果。

十七八世纪以来，随着贸易范围的扩大和殖民进程的开
展，西方人接触到世界不同地区的文化和语言。这种接触的一
个直接后果是，他们试图按照不同标准，把世界语言划分为若
干类型。比如，德国语言学家麦克斯·缪勒就把种族当作语言
分类的依据。不过，语言和种族并非一一对应关系，缪勒的分
类方法也没有得到广泛认同。更流行的是形态分类法（或称
"类型分类法"），主要根据语言的语法特点，包括词的构造、
语法意义的表达方式等对语言进行分类。

较早从这一角度思考问题的，是 18 世纪下半叶法国的百科
全书派。在他们看来，人类语言可分两种：一种是分析性语言
（langues analytiques）；一种是词序可变语言（langues
transpositives）。① 之后，又有语言学家将语言分为综合语
（synthetical language）与分析语（analytical language）。在综
合语中，语词中表示语法关系的形态部分与表示语义的语根部
分密不可分；在分析语中，二者则可"任意分离独立"，主要靠

---

① ［英］R. H. 罗宾斯：《简明语言学史》，许德宝、冯建明、胡明亮译，北京：中
国社会科学出版社 1997 年版，第 188 页。

语序和虚词等表示语法关系。 欧洲语言皆属综合语,"惟近代变迁之倾向,已渐趋于分析语矣"。①

19 世纪以后,德国学者洪堡、奥·施莱赫尔将语言分为孤立语(又译"词根语""无形态语")、黏着语(又译"关节语""胶着语""接合语")和屈折语(又译"曲折语""诘诎语""诎诘语""变形语")。 这种"三分法"自提出后,长期为各国语言学家普遍采用。 "孤立语一般引汉语为例:所有的字都是单音节,没有任何屈折变化。 凡是印欧语系利用屈折变化来表示的关系,如果在汉语里必须表明而不能完全省略的话,就利用独立的单字。 印欧语必不可少的屈折变化(如属格、复数、动词的时式等),在汉语里也是同样利用单字来处理。"黏着语以土耳其语为范例,"利用大量的词尾来表示词的关系,不过词(干)和词(尾)的连接是很清楚的,这两部分的界限不会发生混淆"。 屈折语的"词和词尾混成一个不能分解的整体,词的内部变化可以用来表示不同的关系",其典型是原始印欧语。② 这几种类型被认为存在着历时性的进化关系。 简单地说,就是从孤立语发展为黏着语,再发展为屈折语。 屈折语是最完备的语言,孤立语是最不完备的语言。

---

① 岑麒祥:《中国语在语言学上之地位》,载《统一评论》创刊号(1937 年),第 14 页。
② [丹麦]裴特生:《十九世纪欧洲语言学史》(校订本),钱晋华译,北京:世界图书出版公司北京公司 2010 年版,第 91—92 页。

语言分类法的提出和西方国家的世界殖民进程有密不可分的联系：殖民进程为语言分类法提供了物质、政治和文化上的可能性及具体的资料，分类法本身也是殖民进程推进所带来的学术结果，或者说是其在学术上的一种表现。 在这里，世界各民族语言所处的地位和该民族在世界政治格局中的地位大体相当：殖民者的语言属于最先进的类型，被殖民者的语言则被归入落后之列。 在这些理论中，作为孤立语的汉语一直被视为"东方黑暗"的绝佳例证。 其时不少西方学者认为，汉语是没有语法的。 洪堡虽然承认汉语自有语法，但认为它"不利于思维活动的展开"。① 19 世纪时，多数西方知识分子接受了这个看法，认为汉语受到"语言结构上的局限"，缺乏理论性和思辨性，不适于抽象思维，难以表达"科学观念"。②

洪堡认为汉语不利于思维的开展，主要是因为汉语是单音节语，词汇没有形态上的屈折变化。 但问题在于，欧洲不少语言也呈现出向单音节发展的趋势，尤以英语为典型。 如果这一发展就代表进步的话，汉语立刻会从"最落后"的语言变为"最进步"的语言，这显然是其时大多数西方人所不能接受的。 为此，施莱赫尔提出了一个补充性的解释：语言的生命有两个时期，一个是史前时期，这是语言形式的发展期，从孤立

---

① 姚小平：《17—19 世纪的德国语言学与中国语言学》，北京：外语教学与研究出版社 2001 年版，第 60—61 页。

② ［美］范发迪：《清代在华的英国博物学家——科学、帝国与文化遭遇》，袁剑译，北京：中国人民大学出版社 2011 年版，第 167 页。

语到黏着语再到屈折语的进化就是在这一时期完成的；随着文字的发明，语言为文字所束缚，遂进入第二个时期，趋于反向发展，这是语言的衰败期。① 现代欧洲语言处于第二个时期，单音节化代表了"退化"的趋势；而汉语仍处在第一个时期的孤立语阶段，始终未曾进化，自然不能同处在"退化"状态中的欧洲语言相比。 此说提出后，很快被广泛接受。

西方语言学家对汉语的评论，在 19 世纪下半期传入了中国。 1882 年，《万国公报》刊登了沈毓桂笔述的一篇文章，较系统地介绍了这一观念。 该文指出，西方人研究语言，最重"折节"（即"屈折"），汉语在这方面落后太多，犹处在人类语言进化的初级阶段，在语言史上具有一种"标本"意义。② 不过，从整体看，在清末，介绍语言分类法知识的文献并不多，至少没有引起多少人的兴趣。 相对于确定汉语的进化地位，国人更为关注怎样使汉字简便易学（参看第二章），对汉语的发展地位并未十分措意；至于人类语言的分类，更可说是毫不上心。 中国的语言学家系统性地对汉语进化水平问题加以重新评估，要到民国时期了。

据笔者目前掌握的材料，中国学者对形态分类法进行系统介绍和回应，似首见于胡以鲁的《国语学草创》。 胡以鲁，字

---

① 岑麒祥：《语言学史概要》，北京：世界图书出版公司北京公司 2008 年版，第206、207 页；［英］R. H. 罗宾斯：《简明语言学史》，许德宝、冯建明、胡明亮译，北京：中国社会科学出版社 1997 年版，第 199 页。
② 沈毓桂（古吴居士）：《西士论中国语言文字》，载《万国公报》第 15 年 708 卷（1882 年 9 月 30 日），第 68—69 页。

仰曾，浙江宁波人。清末留学日本，先在日本大学学习法政，后又进入日本帝国大学博言科学习语言学，并跟从章太炎学习国学。他的《国语学草创》一书被认为是第一部利用理论语言学框架写成的"汉语概论"，1913 年初次印行，1923 年由商务印书馆正式出版。此书虽广泛运用了西方语言学理论，但也强调了汉语有其特殊性，这种与众不同之处并不代表汉语落后，而是代表了与西方不同的另一种文化。为此，他对汉语原始论予以严厉的批驳。

胡以鲁的阐释不是从广泛流行的三分法开始的，而是采用了"综合语—分析语"的二分法。他强调，语言的用处在"明了表彰"思想，所取手段则应尽可能"单纯"。在综合语中，不同词性主要通过语词自身的形态变化来表现，"一一分立，不相通用"；语词顺序反不重要，可以随意排布。分析语则不然，词语的语法关系必须靠它们在句中的"位置"显示，而"位置之配赋又自由自在，不失独立"，更有利于表达复杂的观念，故也标志着人的思维水平的提升。这就是人类语言从综合语走向分析语的主因。欧洲近代语言渐渐趋向于分析语，就是显证。不过，真正的分析语要到中国、安南、暹罗、缅甸去找，汉语尤为其中之"纯之纯者"。因此，如果分析语是"思想分化"的结果，汉语就是思想更为"精密"阶段的产物。①

---

① 本段和以下数段阐述胡以鲁学术观点时所引用文字，皆出自胡以鲁《国语学草创》，上海：商务印书馆 1923 年版，第 69—82 页。

不过，胡以鲁并没有回避三分法对汉语的责难，面对施莱赫尔等"动辄以吾国语形式之缺乏，贬之为初等"的责难，他提出，其实，施莱赫尔等所谓"形式"，主要就是"屈折的形式"和"形式的形式"。这决定了他们"不能不以综合语为高等"。但这也就无从解释欧洲语言的演变趋向，除非以之为"退化"，然而这和得到普遍认可的社会文化的进化论又不一致，遂使此派学者在理论上陷入自相矛盾的境地。其实，按照形态分类法的逻辑，"吾辈转不得不谓纯粹分析语无屈折之形式，如吾国语者，为高等而进化者矣"。他分析了西方语言中的形式变化因素——"人称、时、位、性、数、法、气"等，认为它们并非思想的内在要求，只能表明语言的笨拙。汉语则能"化单纯之音响为特定之意义"，"思虑"和"语言"直接对应，怎么想就怎么说，"以心传心"，简洁准确。汉语通过词序的排布，已能使各个成分"克尽厥职，无不足之感"，当然也就无须屈折变化这类"蛇足"。故其缺乏形式上的屈折，并非落后的表现。

胡以鲁一一批驳了 19 世纪西方语言学家对汉语的评论，并特别指出，讨论语言决不能仅"以语词为根据"，而"语词生存于句中，惟在句中方为有机之关系"，故"孤立语"一名在学理上已根本不能成立。汉语语词本身虽是"孤立"的，然在句中则已成为"化合体"的一部分。他一针见血地指出，在西方语言学家执着于"形式"的背后，实际是一种文化心态在作祟："立一己语族之规则为格，欲以范世界之言语，是之谓不知务；

不求诸语言根本之差及其特色之所在，徒见其文明，逆推而外铄，混思想语言为一事，是之谓不知本。"他认为，只有20世纪丹麦语言学家叶斯柏森的"语言进化论"不重形式，而以"词句相与之间者为进步"，意味着汉语是一种"发达"的语言，最为持平。

胡以鲁的论述分为两个层面，一个是学理上的，主要是解构形态三分法和语言进化三段论；一个是心态上的，主要是揭露这些语言学观点背后的西方中心论。而正是后一层面，进一步提醒我们注意到他本人的心态——这在下面这段愤愤不平的话中展示得最为直接："贬吾国语为初等，诿为未尝发达者，不惟不知吾国语言史，且蔑视吾国文明史者也。"就是说，他之所以竭力为汉语争一个至高无上的地位，是因为这不仅是个语言问题，而且是和更根本的文化认同扣合在一起的。

胡以鲁对汉语的描述，带有很强的政治学色彩。他对麦克斯·缪勒把汉语的组织形式比作"家族组织"一语，尤为反感。他强调如果把"一切国语"都比作"国家组织"的话，汉语可比作"联邦组织"。胡以鲁写这本书的时候，正值联邦思潮盛行，其主要目标就是维护民间自治、自主和自由，反对中央集权——采用胡以鲁的术语来说，所谓中央集权，正像屈折语一样，要求组成国家的分子必须"灭却其存在之一部而屈服于他"。胡以鲁则显然是联邦制度的赞赏者。他对汉语的特色有一简洁的总结："自由自在，吾辈所谓之为国语特色者也。"而此正可与"联邦组织"一词互相发明。对于胡以鲁来说，语言并不仅指语言本身，它也代表了文明，特别是政治文明，和国家乃至个人的独立与自由联系在一起。汉语以"自由自在"为特色，也意味着中国文明和国家是"国际"社会的一个"主体"，具有"自由意志之实质"。

《国语学草创》为中国学者研究相关课题提供了一个论述典范。此后的著作，从议题到论证方式，大部分都没有超出此书范围。它们的讨论基本围绕以下几个问题展开：一、汉语是孤立语吗？二、汉语是落后的吗？三、语言的形态三分法是否成立，又反映出怎样的文化心态？多数学者异口同声，认为这一理论暴露了西方人自尊自大的文化偏见；而汉语在人类语言中，即使不能说是最进步的，也处于先进之列。不过，和胡以鲁不同，他们对语言进化论的支持更为鲜明。

沈步洲在 1931 年出版的《言语学概论》中指出，施莱赫尔提出三分法时，语言学尚不发达，本就不足取，不如"置之高阁"。① 这也得到了杨树达的赞同。② 其实，他们未必真正在乎三分法在学理上是否成立。他们关心的是，汉语是否属于最落后的孤立语？傅懋勣 1942 年发表的一篇文章，指责欧美语言学者以为"现代汉语无语法形式"，实是混淆了汉语、汉字区别所致。③ 郭绍虞也提出，能否辨别汉语和汉字，直接关系如

① 沈步洲：《言语学概论》，上海：商务印书馆 1931 年版，第 38—39 页。
② 杨树达：《高等国文法》，北京：商务印书馆 1984 年版，第 8 页。
③ 傅懋勣：《现代汉语动词形容词介词为一类说》，载《傅懋勣先生民族语文论集》，北京：中国社会科学出版社 1995 年版，第 15 页。

何判断中国语言文字的性质，而其背后则代表了不同时期学术研究思路的变化："大抵以前之治语言文字学者以'字'为单位，所以多觉其为单音；现在之治语言文字学者以'词'为单位，所以又见为复音。""中国语言的演化"乃逐渐走向复音，只有"中国文字的应用"还"似乎依旧保存着单音的特质"。①

在大多数新派学者看来，语言和文字的不同，正好证明了汉语不是孤立语。刘半农就认为，三分法实不能概括中国语："中国的文字诚然是单音的，但语言并不全是单音。"②严格说来，"单音语"和"孤立语"并非同一概念，一个是从音节构成上说，一个是从语法形态上说，但是因为二者密不可分、相互决定，往往被新文化人视为一体。更重要的是，他们正是从汉语复音词增多的趋势中，看到了汉语并非"原始"的依据，当然要紧紧抓住。1922年，胡适在为《高元国音学》所写的序文中，专门反驳了高元所云中国语乃"单音会语"的说法，认为"中国语在今日决不能叫做'单音会语'了"。他所使用的证据，就是"我们""绝对的"这样一些复音词。③

到了20世纪40年代，更年轻一代的语言学家高名凯则表达了另一种看法。他注意到，19世纪西方语言学家认为汉语

① 郭绍虞：《中国语词之弹性作用》，载《语文通论》，上海：开明书店1941年版，第1—2页。
② 刘复：《语言的进化》，载《晨报副刊》1926年12月13日，第29页。
③ 胡适：《〈高元国音学〉序》，载高元《高元国音学》，上海：商务印书馆1922年版，序四第4页。

是孤立语；20 世纪则有一批学者如瑞典的高本汉认为汉语"有许多附加成分，甚至于有屈折"，故"不是孤立语"。高名凯以为，把汉语视为"完全孤立语"固然不对，但高本汉的新说也"太趋于极端"。其实，"中国语虽有一部分的屈折成分，虽有一部分的粘着成分，但终不失其为一种孤立语，只是不能说是绝对的孤立语而已"。但"我们却不能因此而说中国语是无机的，是没有语法的"。①

　　这些学者之所以关注汉语的性质，是因为他们心中都潜藏着语言进化三段论的阴影。如果汉语不是孤立语，也就不是原始语言。张世禄说得很清楚："汉语名为孤立语，而实际上语词在语句中，正是有机的结合，决非各个孤立的。语词的品性和意义在全句的总意义上自然显现；没有时间、数目、性别、位格、人称等等的差别，决不致于含糊相混。"一旦明白了这一点，"孤立、接合、变形三段进化说，也就不攻自破了"。② 这句话表明，张世禄试图把形态三分法和进化三段论拆分开来。这就意味着，他对那些否定汉语是孤立语的中国学者的意图是很清楚的。实际上，否定汉语是孤立语的人，暗中都承认孤立语是原始语言，这也正是他们要把汉语从孤立语中拯救出来的主因。倘若他们像高名凯一样，并不认为孤立语是原始的、

---

① 高名凯：《中国语的特性》，载《国文月刊》第 41 期（1946 年 3 月 20 日），第 2、7—8 页。

② 张世禄：《汉语在世界上之地位》，载《张世禄语言学论文集》，上海：学林出版社 1984 年版，第 112 页。

"无机的"，那么接受汉语属于孤立语，似乎也不算什么不得了的事。

在三分法受到质疑的同时，二分法被不少人采用。张世禄提出，"中国语是否为单节语"，在文法学上并不重要，"最重要的还是在综合语（synthetical language）和分析语（analytical language）的分别。中国语为分析语的代表，这是语言学界所公认的"。① 二分法较之三分法更适合汉语，这不光是怎样认识汉语性质的问题，也直接关系到汉语的地位。浦江清就曾对朱自清说，汉语"为分析的，非综合的，乃语言之最进化者"。②

既然"简单"就是进化，那么汉语即使是"孤立语"也无妨。岑麒祥说："中国语在世界语言林中，自语词形式方面而言，乃孤立语之标本；自语词构造方面而言，亦为分析语之极则。"而无论是孤立语还是分析语，都是世界上"最纯净、最简洁"，故而也是"最进化"的语言。③ 张公辉也说，汉语"淘汰了多音节语的成分，而演进为单纯化的单音节语；洗刷了屈折语的成分，而演进为纯粹的孤立语；摒弃了综合语的成分，而

---

① 张世禄：《因文法问题谈到文言白话的分界》，载《张世禄语言学论文集》，上海：学林出版社 1984 年版，第 197 页。
② 朱自清日记（1932 年 10 月 3 日），载《朱自清全集》第 9 册，南京：江苏教育出版社 1998 年版，第 163 页。
③ 岑麒祥：《中国语在语言学上之地位》，载《统一评论》创刊号（1937 年），第 14、15 页。

演进为纯粹的分析语,已经是世界上最进步的语言"。① 在这里,"纯粹的孤立语"一变而为进步的象征。 因此,至迟到 20 世纪 30 年代末期,陈梦家已经可以理直气壮地宣布:"中国语法的简单,没有'时'、'数'、'性'、'人称'等变化,正是中国语进步的优点。 这已渐渐为人所公认了。"②

与此相应,屈折语的形态变化反沦为落后的表现。 华超说:"性的阴阳、位的宾主、数的多少、气的虚实、主动和被动,都可借语词在句中的关系定的。 吾国语本来不以多变算作能事,平实使用起来,亦不觉他不便,则简单正是分析语的特长。"③沈步洲也说,法语、德语、拉丁语对性的区分时或"任意颠倒,漫无标准,徒滋纷扰",殊属"无谓";汉语"本不以多变为能,而平时使用殊不觉其窘苦",两者相较,高下立辨。④

如同《国语学草创》一样,揭示西方语言学家的文化偏见,也是这些著作的重头戏。 沈步洲特别留意到有关学者所运用的术语,如施莱赫尔把语言分为"无机的"和"有机的",缪勒等用社会组织的形态来区分语言形态。 这些区分

---

① 张公辉:《论中国语将成为国际语》,载《国讯》第 374 期(1944 年 8 月 15 日),第 20 页。
② 陈梦家:《书语》,载《国文月刊》第 1 卷第 6 期(1941 年 2 月),第 22 页。
③ 华超:《什么叫做言语学?》,载《教育杂志》第 13 卷第 6 期(1921 年 6 月 20 日),第 7 页。
④ 沈步洲:《言语学概论》,上海:商务印书馆 1931 年版,第 40 页。

均无关学理，而有"抑扬之意"，"适足以彰其愚陋耳"。① 王古鲁说，"以一己之语族自诩为高等的偏见"，就好比"在人种学上占有势力之主张以亚利安民族为世界民族中最优者的僻说"一样，都是"亚利安民族"的"自夸心理"的表现。② 张世禄则在1933年的一篇文章中，揭露施莱赫尔的"言语退化论"不过是对其理论中自相矛盾之处的弥缝，想方设法要"自圆其说"。③

张世禄在文章开头就点出了文化偏见的存在："古代文化发达的民族，往往对于国外的异族，具有一种轻视的心理。"这种心态本应抛弃，"不料十九世纪的欧洲人和二十世纪东亚的某种民族还是沿着太古的遗俗，或且变本加厉，由轻视而引起仇视，由相轻而至于相杀"。 其影响所及，"不特世界的和平没有实现的希望，各处文化的交流也受了无形的阻碍，终究没有完全沟通的一天"。 学者"参杂了一些民族相轻的心理，就完全失去客观的态度，把自己民族的偏见作为前提，不惜将科学的事实勉强来'削足适履'；这样学术界还有光明的一天吗？"他强调，语言三分法就是这种偏见的产物。 西方人对屈折语何以先进，"始终未曾有明确的解释"，不过是要"尊重自己的民

① 沈步洲：《言语学概论》，上海：商务印书馆1931年版，第42页。
② 王古鲁：《言语学通论》，上海：世界书局1930年版，第189页。
③ 本段与下段阐述张世禄学术观点时所引用文字，皆出自张世禄《汉语在世界上之地位》，载《张世禄语言学论文集》，上海：学林出版社1984年版，第110、103—104、111页。

族"而已，为此甚至"不惜将全世界的语言归于退化的过程中"。 文中"二十世纪东亚的某种民族"几个字，一下把此文立意彰显了出来：张世禄是借着对19世纪欧洲语言学的批判，来批判日本日益昭著的侵略野心；在更积极的意义上，则是寄托对世界和平与文化交流的期望。

显然，20世纪20年代以后的语言学家虽不像胡以鲁一样使用了很多政治学术语，整个论述看来也具有更强的专业特征，但文化认同和政治理念仍在暗中起着极重要的作用。 这一点，在那些反对汉语先进论的学者们身上也有所体现，甚至更为鲜明。

瞿秋白就是这些人中的一个。 他在1931年5月发表《鬼门关以外的战争》，点名批评"现代中国研究言语学的人（例如沈步洲、王古鲁）"，说他们"妄自高大"，因为他们居然"说中国古代的那种孤立语——没有字尾变化的言语是比英、法、拉丁文都要进步！"在瞿氏看来，"虚字眼"，包括"关系词（preposition）、联络词（conjunction）、代名词跟字尾"是"言语之中最重要的部分"。① 字尾的丰富尤其"可以使言语文字的表现力加强，表现的意思更加精确"。 缺乏字尾变化，就很难保证表述清晰，这样的语言怎么可能是最进步的？ 其实，瞿秋白这么说，自有他的关怀。 和汉语先进论者不同，他关心的

---

① 瞿秋白：《鬼门关以外的战争》，载《瞿秋白文集·文学编》第3卷，北京：人民文学出版社1989年版，第165页。

并不是汉语，而是汉语拼音化的可行性。他注意到，时人反对
汉语拼音化的理由之一就是认为"中国文字是'孤立语'
（isolating language），所谓'孤立语'居然算是最进步的，而
'孤立语'的特点就是单音节制度，所以用不着采用拼音方
法"。① 他将"妄自高大"的帽子扣到沈步洲等人头上，是因
为担心他们的结论会被用来反对文字改革。

实际上，瞿秋白对于三分法并不以为然，也反对把汉语视
为孤立语，这都是和汉语进步论者同调的。他在论证汉字改革
的可能性时，也利用了高本汉的成果："古代言语未必是完全没
有字尾的，或许因为汉字写不出来，所以省略了。只要看古文
的书籍之中有些地方偶然露出这种字尾的痕迹，就可以推想到
中国言语的发展受到了汉字的多大障碍：字尾没有写完的机
会，没有表现的充分可能，所以不能发达起来。"② 就现象而
论，这和张世禄看到的相同，但张氏从中得出的结论是汉语早
已进化，瞿秋白等却看到汉语为汉字束缚而不能发达，明显又
是"意图"决定了"论点"。

刘半农曾把西方人关于语言进化的学说分为两个阶段。第
一阶段以语言形态为依据，把形式上的"复杂"或"简单"视
为语言"完备"或"幼稚"的标志；第二阶段则以是否"适应

---

① 瞿秋白：《罗马字的中国文还是肉麻字中国文》，载《瞿秋白文集·文学编》第
  3 卷，北京：人民文学出版社 1989 年版，第 215、211—212 页。
② 瞿秋白：《罗马字的中国文还是肉麻字中国文》，载《瞿秋白文集·文学编》第
  3 卷，北京：人民文学出版社 1989 年版，第 215 页。

环境"、是否"经济"作为标准。① 杨树达在《高等国文法》中沿袭了刘半农的说法，并把两个阶段分别命名为"前期进化说"和"后期进化说"。② 到了20世纪30年代，中国语言学界广泛接受了"后期进化说"。瞿秋白把汉语语尾的出现视作进步，与通常的认知相去甚远。另一位左翼文化人齐沧田感到有必要对此加以解释："词尾变化虽然显示着某种程度退化的形迹，像英语，可是它结构的准确性实在是使语文高度发展表达能力的一种力量，像法、德、俄等文语尾变化的复杂。中国语言虽被列入孤立语的范畴之内，可是仍有一些语尾变化，我们应该设法扶持它。"③

然而，不是所有支持汉语拼音化的人士，都赞同这一看法。陈望道在20世纪30年代中期说："新近常有人问我：中国语将来会不会变成有语尾变化的语言？我的答语是：中国语似乎有语尾增多的倾向，……但是语尾变化不一定便是语言进步的征象。"他以自己家乡浙江义乌的方言为证，表明有些语尾是"麻烦而并不怎么需要的"。④ "不一定"当然不是"一定不"，但这也表明，即使支持拼音化的人，对于所谓"屈折

---

① 刘复：《语言的进化》，载《晨报副刊》1926年12月13日，第29—31页。
② 杨树达：《高等国文法》，北京：商务印书馆1984年版，第9页。
③ 齐沧田：《中国文字也应该赶快民主化！》，载倪海曙编《中国语文的新生——拉丁化中国字运动二十年论文集》，上海：时代书报出版社1949年版，第412页。
④ 陈望道：《一种方言的语尾变化》，载《陈望道语文论集》，上海：上海教育出版社1997年版，第327页。

性"也不是一味叫好。

另一方面，坚持汉语是最先进语言的张世禄，也曾在1930年说过，汉语中的一些局部变化有可能导致汉语整体性质的改变："复合语词，将来渐渐失其复合的感觉，就会当做一个单纯语词看待。同样，表白的辞语，将来也会当做纯粹的附添语看待，而失去其固有的独立的意义；于是中国语上就有了复音缀的语词，就有了转成的附添语，他那种孤立的单音缀的特性，也许会渐渐的丧失。"①不过，他对此结论似乎感到些许不安，30年代末又修正了自己的论点。"副词形容词下面加个的、地，即使把它们认为是接尾语，等于英语上的'tive''ly'，也只是派生作用上语词组织的成分罢了，况且有时可以省略不用。又如'桌子'的'子'，'指头'的'头'，与其说它们是标识名词的接尾语，不如说它们是为显明意义效用（大都为避免同音语词而增加的）的语尾词"，实际也常常省略。故而实在"不必把它们在文法学上看做很重要的一种现象"。中国语法研究，"不妨把形态学上的关系暂时撇开"。②这样，瞿秋白认为重要得足以改变汉语性质的语尾，就成为无关紧要之物，汉语的性质并不会改变，语言由繁趋简的进化程序也仍是成立的。

① 张世禄：《中国语的演化和文言白话的分叉点》，载《张世禄语言学论文集》，上海：学林出版社1984年版，第45—46页。
② 张世禄：《因文法问题谈到文言白话的分界》，载《张世禄语言学论文集》，上海：学林出版社1984年版，第198、199页。

但仔细分辨他们的言论也可以发现，双方的实际差距未必很大。两边都承认，从量的方面讲，汉语中的语尾变化并不多；他们的差异产生在如何从质的方面评估这些现象——当然，这可能正是关键所在。但即使在后一方面，瞿秋白等人也并不是一味鼓励汉语语尾的发展，而是试图使其保持在"又简单又合理"的状态。因此，他们对语言演进的看法，仍和19世纪的西方语言学家不同。

与大多数语言学家仅从语言形态本身来看语言的变化不同，瞿秋白将问题放置于一个社会经济形态的脉络中。他认为，汉语的落后，根本上源于"经济发展的落后：一切社会关系的比较简单、比较野蛮，使中国人对于物件、事情、时间的种种关系没有精确的概念"，言语当然会很"贫乏"。这特别表现在语法方面："最显著的是中国言语文字里面的所谓本质上的名词、形容词、动词等等，不能够变化自己的概念来表现更抽象的意思（例如动词当名词用、名词当动词用等等的方法，在中国文里面是非常笨拙的）。"①中国的经济发展和社会关系都落后于英、法，故汉语当然不如英语、法语先进。不过，好在中国的经济和社会关系都已发生实质性的改变，无产阶级已走上历史舞台，使得汉语也开始发生根本性的进化——正在成为一种有字头、字尾变化和多音节的语言，也就是瞿秋白所说

---

① 瞿秋白：《罗马字的中国文还是肉麻字中国文》，载《瞿秋白文集·文学编》第3卷，北京：人民文学出版社1989年版，第212页。

的"中国现代普通话"。

可以说，瞿秋白等把语言问题视为社会经济变动的结果，为中国语言学界提供了另一种语言进化观。 在这种进化观中，汉语并不先进，但也正在朝向先进的方向走。 比起汉语进步论者，瞿秋白对于语言背后的文化认同问题似乎关注不够：几乎没有提到汉语的自主性，更没有批判西方语言学中的文化偏见。 相反，他自己倒有不少听起来很像西方中心论的观点。不过，这种差异性在一定程度上是由瞿秋白的"问题意识"决定的。 这些观念如果是放到他的整个革命思想体系中，就会呈现出完全不同的景观。 对中国共产党人来说，中国的独立是全球范围反殖民主义运动的一部分，后者又与全世界无产阶级解放事业密不可分。 民族解放与阶级解放既是一体之两面，又属于一个前后相继过程的两个阶段。 因此，虽然瞿秋白把中国语文革命主要视为一场文化上的"阶级斗争"，意在推翻发言权的不平等，但在其整个革命理论中，这同样是谋求民族独立的一个组成部分。 他认为，经过这场语文革命，汉语就可以赶上英语、法语，甚至成为比它们还要进步的语言。 而且更重要的是，中国的民族独立也是整个世界和平、进步的一部分。

但这种差异性也不宜夸大，双方都在不同场合谈到与对方相近的思路：汉语进步论者一样努力于文化的普及和平等，左翼人士也把阶级斗争视为整个世界民族解放事业一个不可分割的组成部分。 最终，不管是在学理还是在象征层面上，他们的语言学研究都和追求一个和平、进步新世界的政治理想声气相通。 就此而言，这些见解和 19 世纪的西方语言学来自同一个政治进程，即近代西方的全球殖民过程；但和 19 世纪西方语言学不同的是，它们也是对这个进程的自觉反抗——20 世纪中国的"国语"概念，必须放在这一全球历史大变动的整体格局中，才能获得真正的理解。

第六章

方言还是语言

对方言的调查和研究，是确立国语系统的关键一环，也为国语运动引入了一系列重要问题：什么是方言？ 其判断标准是什么？ 它和国语是什么关系？ 对于中国人来说，这一点又直接关系到以下几点：怎样确定汉语的范围？ 各地汉人使用的语言之间是何关系？ 粤语、闽南话、吴语等与其他地区的汉语差别有多大？ 它们属于汉语方言，还是一种独立语言？ 在理论上，一个国家内部存在多种语言，本无害于成为一国。 中国本就是一个多民族国家，尤应尊重多语的事实。 可是，在很多中国人看来，汉语被分为几种不同语言，直接损害到中华文化的一体和国家的统一。 他们坚持认为，各地汉语的不同只是方言的差异，绝非不同语言的区分。 许多语言学家也自觉承担起论证这一观点的任务。

语言学界对 20 世纪以来中国方言学的发展，包括方言调查与研究、方言区的划分等，已做过一些回顾和反思工作。 但既存成果大都忽略了一个基本前提：汉语的疆域并非不证自明的

"天然"秩序的体现,而是经过有意无意地设计和论证的结果,其中不乏异见的交锋。 在现代语言学这座看似精密的科学大厦内部,存在着一些结构性裂缝,必须依赖政治理念加以黏合。 一旦将这些因素从中抽离,语言学大厦的一部分也将应声坍塌。 汉语边界的划定与方言的成立,就是学理与政治协商的产物。 然而,要察知这些裂缝的存在,我们就必须跳出语言学专业视野,把现代汉语方言(这里既指现代"方言"的概念,也指具体的汉语方言)的成立过程放回到作为一种文化政治现象的国语运动脉络中,通过揭示那些支配着语言研究的某些基本假定在时空两个维度中的展开过程,来探讨现代语言学与民族国家建设之间的协同关系。

"方言"一词至迟在西汉已经出现。 表面来看,它和今日所谓"方言"的意思非常相近,但细究起来,却存在一个重要差异:传统的方言概念,指的就是方域性的语言,其中没有更加细致的区分,也不存在明确的统属关系,更不去规定它们之间是否同源。 这从洋务运动后开设的一系列外语学校都以"方言"命名一事上,可以清楚地看出。 而今人所云"方言",则特指同一语言分化而成的地方变体,只有在同属"一种语言"的前提下,才有"方言"可道。 并且这里的"语言"也是狭义的,有严格的学理规定。 这样,现代的"方言"一词所涉及的就不只有"方域"一个指标,亦同时指涉了一套由语系、语族、语种等范畴构成的等级性语言分类制度。 显然,这个"方言"是一个规范性概念,使用条件比传统的"方言"严格得多。

从表面上看，现代的"方言"一词主要取决于学理上所界定的语言特征，与政治没有关系。然而，这远非实情。王古鲁在 1930 年出版的《言语学通论》中指出，国家、民族、地理都是定义方言时应考虑的因素。单就语言看，有些相异的国语，其实根本属于"同一种类的言语"，其差异程度比"其他语里的甲种方言与乙种方言之间的相异还少"，但它们仍是"国语"，而非方言。因此，"国语的区分，是以政治上之区划为基础，而不仅限于言语上之差异的"。① 也就是说，作为现代方言成立前提的"一种语言"，在实际生活中所指的常常就是政治意味极强的"国语"。

在这个意义上，今日所谓"方言"，完全是 20 世纪出现的一个新概念。它的确立给中国语言学研究带来了新的契机，也带来了一些新议题。其中，有三个因素特别值得一提：第一，它要求人们在方言和语言之间做出明确区分，这未必合理，更不容易：单从语言特征讲，二者之间是一过渡地带，不存在一条可以量化的明确边界。方言的特殊性发展到什么程度就成为一种新的语言？往往存在争议。第二，尽管现代语言学提供的解释框架常被视为普世性的，但这一来自西方经验的理论架构无法完好地消化中国语言的"特殊"现象。第三，语言学的发展本就和政治运动有着千丝万缕的联系，现代中国学者更是

---

① 王古鲁：《言语学通论》，上海：世界书局 1930 年版，第 37、202 页。

面临双重紧张：既要致力于中国语言研究的"科学化"，又要效力于民族国家的建设；前者来自一个普遍性的冲动，后者受制于明确的地方性意图。所有这些因素相加，使得对下面这些问题的回答尤显必要：各地汉语的歧异性有多大？它们到底是汉语的"方言"，还是不同的"语言"？一句话，我们怎样确定汉语的疆域？

传教士是研究中国现代方言的先驱。20世纪20年代初，由基督教会方面出版的《中华归主》一书批评了两个流行观点：一是汉语方言的差异"无关紧要"；一是"中国的方言就是一些不同类型的语言"。该书既承认官话、吴语、闽语、粤语存在着明显歧异，又把它们都归入汉语方言之列。① 此书作者基本都是西方人，而此处批评的第二种看法也是西方学界的主流观点，至今仍很流行。瑞典汉学家高本汉的态度就跟《中华归主》的编者相类，但也认为中国方言"相互悬殊，直如外国语之不同"。②

对很多中国人来说，这大概不算是一个不得了的问题，但答案也远非不证自明。乐嗣炳就发现："习用了某一个地方底汉语方言底人，初次听见同一个汉语系统内别一个地方的方言，简直会不懂；并且有时候几乎误会这两方相差较远的方

---

① 中华续行委办会调查特委会编：《1901—1920年中国基督教调查资料》上卷，蔡咏春、文庸、段琦等译，北京：中国社会科学出版社2007年版，第56页。此书原题《中华归主》。
② ［瑞典］高本汉：《中国语言学研究》，贺昌群译，上海：商务印书馆1934年版，第4页。

言，是两种不相同的语言。"①高名凯也说，法语、意大利语、西班牙语分别并不大，"却是不同的语言"；中国各地"语言大有差别"，广东话与北平话、福建话与江苏话的差异不亚于西班牙语之于法语。"这样说起来，所谓中国语到底是什么，确是一个问题。"②

他们都认可各地方言是汉语，但仍感到有必要对此详加讨论，显然是意识到了现代方言理论中潜藏的政治压力。在何仲英笔下，方言的发展是语言中同时存在的两种相反力量——"离心力"和"向心力"较量的结果："离心力比向心力强，所以罗马语分为无数语；向心力比离心力强，所以德语统于一尊。"③"离心力"和"向心力"都是极具政治暗示性的字眼，因此，他谈的虽然只是语言，但也不能不令读者担心：北平、广东、福建、江苏的方言既如此不同，中国是否会像欧洲的法国、意大利、西班牙一样，分裂为不同国家？中国自晚清以来就不断面对被瓜分的危机（虽然主要是在想象层面），这个问题实在非常切己。因此，他们必须证明，汉语方言的"向心力"超过了"离心力"。

这个观点有三种论证方式。第一种是强调汉字的统一性约束了方言的分化。胡以鲁认为，中国地域辽阔、交通不便、历

---

① 乐嗣炳：《国语辨音》，上海：中华书局1928年版，第5页。

② 高名凯：《汉语语法论》，上海：开明书店1948年版，第9—10页。

③ 何仲英：《中国方言学概论》，载《东方杂志》第21卷第2号（1924年1月25日），第35页（栏页）。

史悠久、种族复杂，但比起欧洲来，方言要少很多，主要的不同只在语音的"舒促开闭"。这是因为，中国存在一个"防止纷歧"的力量，即统一的文化和文字。① 何仲英的看法相同："书同文"政策造就了一个"文化中心"，抑制了方言的分化冲动。② 黎锦熙也发现，汉语存在一个"自然的标准"，这来自两方面的作用：在社会上层，科举取士，诗韵谨严，以致字音也大体相同；在社会下层，小说、戏剧广泛传播，推动各地语言"趋于一致"。③ 比起胡以鲁、何仲英来，黎锦熙多了一重"下层社会"的眼光，不过其结论和思考方式都很接近。

第二种论证方式是通过对语音、语词、语法等层面的共时性比较，证明各地方言之间同大于异，因而皆属汉语。早在1911 年，一个在南洋华侨中宣传国语的组织就声称：除了广东、福建，中国各地方音"不过高低轻重之间，微有区别"罢了。④ 前引的高名凯那段话似乎把方言的歧异说得非常严峻，其实也只是欲扬先抑，因为他接下来就力证：各地方言的发音虽不同，"语音的系统"和"所用的字眼"却"大体相似"，语法区别更是"极微细"，因此它们都"还是属于中国语的范围之

---

① 胡以鲁：《国语学草创》，上海：商务印书馆1923 年版，第82—84 页。
② 何仲英：《中国方言学概论》，载《东方杂志》第21 卷第2 号（1924 年1 月25 日），第36 页（栏页）。
③ 黎锦熙：《国语学大概》，载《晨报副刊》1922 年12 月31 日，第1 页。
④ 刘本龄：《华商国语研究会小引》，载《南洋群岛商业研究会杂志》第3 期（1911 年1 月30 日），第20 页。

内"。① 在语音、语词和语法三者之中，语法被视为区分语言的关键因素，尤受重视。 1923 年，刘复宣称："中国方言的不同，只是方音的不同，并不是文法的不同。"此乃"我们中国语言中最有光荣的一件事"。②

其实，这些共时性的观察，只能说明现存方言的相似性，但这几位论者却都从中看到了汉语方言的同源性。 这样，就把我们引向了第三种论证方式——历时性研究。 沈步洲指出："方言者，乃同一种语言中由历史所经之情境所发生，非两种源流不相同之语言由历史之机会而接触者也。"③即是说，要确定两种语言是否互为方言，不能只看到它们的相似性，因为那很可能只是后天染触的结果；要证明它们的亲缘关系，必须追本溯源。 前述那些学者从共时性特征直接跳到历时性结论，在逻辑上当然存在漏洞。 但这也是因为，在现代语言学中，只有历时性研究才被视作判断方言的标准方法。

既然各地汉语的差异性首先表现在语音层面，其次表现在语汇层面，那么这两个层面理所当然成为破题的关键。 1921年出版的一部教科书声称，中国方音差别虽大，但"古本统一"。④ 在对东南地区的语言情况做了分析后，黎锦熙认为，它们反映了历史上不同时期中原移民的结果：闽、粤语音是秦

① 高名凯：《汉语语法论》，上海：开明书店 1948 年版，第 11 页。
② 刘复：《中国文法通论》，上海：群益书社 1924 年版，第 124 页。
③ 沈步洲：《言语学概论》，上海：商务印书馆 1931 年版，第 164 页。
④ 廖立勋：《实用国音学》，上海：商务印书馆 1921 年版，第 1 页。

汉时期中原语音的"代表",江、浙语音是魏晋隋唐时期中原语音的"代表"。 因此,"土音就是古音,方言就是古语"。① 其实,这分析并不能证明它们就是同一语言的后裔,因为,中原语音本身就在变化中。 但黎锦熙无疑是想让读者认为,闽、粤、江、浙之语都出于同一祖先。"土音就是古音"的假设也是许多学者探讨古音韵问题的出发点。 语音如此,语词亦然。 许维遹研究登州方言就全从周秦古籍中寻找出处。② 20 世纪20 年代初,林语堂提倡方言研究时,给出了两个理由,其一即是方言中寄寓着"古音古字的痕迹"。③

这个思路绝对算不上新颖,而是延续了中国方言研究的旧传统。 朱熹已经提出方言乃"古之遗音"。④ 在清代方言研究著作中,这一假定更被广泛接受。 就晚清而言,南方有陈澧的《广州音说》,北方有王树楠的《畿辅方言》,西南地区有张慎仪的《蜀方言》,这些研究都是建立在"方言即古语"这一假设上的。 但我们也不能把这个做法简单归结为中国传统学术的惯性使然。 事实上,19 世纪的欧洲语言学家就认为,"几乎所有的欧洲语言"都是同源的,只因"语音语汇法则"的改变才发

---

① 黎锦熙:《黎锦熙的国语讲坛》,上海:中华书局 1923 年版,第 5—6 页。
② 许维遹:《登州方言考略》,载清华大学中国文学会编《语言与文学》,上海:中华书局 1937 年版,第 133—140 页。
③ 林语堂(林玉堂):《研究方言应有的几个语言学观察点》,载《歌谣·纪念增刊》(1923 年 12 月 17 日),第 7—11 页。
④ 刘晓南:《朱熹与宋代方言》,载刘晓南《汉语历史方言研究》,上海:上海人民出版社 2008 年版,第 46、53 页。

生分化。^① 中国现代语言学界也接受了同样的思路。 比如高本汉提出，《切韵》的代表语言是唐长安方言，几乎所有现代汉语方言都导源于此，张世禄便将此结论照单全收。^② 故"方言即古语"的思路乃是中国传统与近代西方学术同时作用下的产物。 不过，传统学人依据的是"礼失求诸野"原则，对现代知识分子来说，这一观念更多地具有民族主义意味——无论有意无意，汉语方言的同源性都被他们视为中国文化统一性的隐喻。

另一方面，民族主义本身就是一种新的价值取向，这既为传统观念的延续，也为其改造提供了可能。 何仲英提出，吴语实是"中原旧语"，而"今日北方所说的，反是'中原新语'"。 其他各种方言"亦复如是"。 他这么说，目的是要表明，方言和国语（标准语）之间并无一条"鸿沟"：一方面，"凡是方言都有做国语的资格。 国语既定之后，凡非国语，仍有补充国语的可能"。 另一方面，"国语的音韵、词类、语法，尽管和各地方言不同，推本穷源，或可相同八九"。^③ 这样，方言地位的提升，和国语统一不但毫无矛盾，甚至相得益彰。

通过论证汉语方言的同源性，语言学家也为它们建立了一

---

① ［美］柯娇燕：《书写大历史：阅读全球的第一堂课》，刘文明译，新北：广场出版 2012 年版，第 40 页。
② 张世禄：《中国语音的演变与音韵学的发展》，载《新科学》第 2 卷第 4 期（1940 年），第 507 页。
③ 何仲英：《中国方言学概论》，载《东方杂志》第 21 卷第 2 号（1924 年 1 月 25 日），第 58、33—34 页（栏页）。

个亲缘谱系，这一成果又被运用到国语教育中。赵元任在 1939 年指出，中国人学国语和外国人学中国语有着本质的不同：后者"是学一种新语言"，故一切"都得要一一从头开蒙学起"；前者就简单得多。广东话和北方话表面上似乎"完全是两国语言"，但"国语所用的基本材料，百分之九十九是广东语的所有的"。① 当时有些专门供给某一方言使用者学习国语的手册，还利用这些研究成果，发明了一些学习技巧。抗战结束后，魏建功受命负责在台湾推行国语，力主采用"从台湾话学习国语"的方法，通过"对照、比较、类推"，在台湾方言和国语之间建立一种感性对应关系。② 台湾省国语推行委员会提出："用了对照类推法，台湾人学习国语才能举一反三，闻一知十。这然后台湾人才能恍然大悟国语究竟和外国语不同。它也是中国民族语的一种方言，在音系上是息息相通的。这然后台湾人才能更亲切的感觉他们的确是道地的中国人。"③在此思路下，"实行台语复原，从方言比较学习国语"遂正式列入《台湾省国语运动纲领》。④

---

① 赵元任：《从国音国语说到注音符号》，载《赵元任语言学论文集》，北京：商务印书馆 2002 年版，第 491 页。

② 魏建功：《何以要提倡从台湾话学习国语》《怎样从台湾话学习国语》，均载《魏建功语言学论文集》，北京：商务印书馆 2012 年版，第 326、333 页。

③ 台湾省国语推行委员会：《台湾省国语推行委员会对于教育部招开远东区基本教育会议准备会提出关于中国普遍推行国语教育意见书》，1947 年 7 月 1 日，中国第二历史档案馆藏国民政府教育部档案，档案号：5 - 12295。

④ 《台湾省国语运动纲领》，载《国语通讯》第 2 期（1947 年），封面。

在台湾省国语推行委员会编辑的一本宣传手册中，我们可以读到下面的句子："国语是跟各地方言土语中间血脉相通的一种简洁明了当得起全国人民开诚布公的语言系统。"这是"因为国语包括声音、形体和组织，方言和它之间的差异只是声音"，但"日本东京话的声音和组织的两项系统，都跟我们不同，只配做他们自己国家的国语"。[①] 这份小册子署名张洵如，其实就是魏建功所作。 虽然这话本身就讲得佶屈聱牙，丝毫谈不上"简洁明了"，但意旨仍是很清楚的。 他故意淡化了台湾方言和国语（标准语）的差异，从学术标准看，具有明显的瑕疵，然若只从论证取向看，和语言学界的主流观点也并无二致。 更何况，其关注的本非学理，而是如何将台湾民众从日本文化的影响中解脱出来，拉近他们和祖国的心理距离。

在论证汉语方言同源性的问题时，历时研究起到了最为关键的作用。 然而，这里也存在一个必须加以辨析的问题。 根据现代方言学家的自我认知，他们的研究和传统学术的一个重大区别就体现在对不同时间维度的把握上。 用沈兼士的话说，传统学人是"目治的依据古籍来探寻历代文语蜕禅轨迹"，现代学者是"耳治的研究现代各地方言流变的状况"；前者"注重纵面求是的考证意义和声音之本相"，后者则同时注重"横面

---

① **魏建功**（张洵如）：《"国语运动在台湾的意义"申解》（《国语问题小丛书》第一种），台北现代周刊社印行，中国第二历史档案馆藏国民政府教育部档案，档案号：5-12301。

致用的'约定俗成'之原则"。① 简言之，在取向上，传统方言研究以存古或证古为目的，现代方言学以通今为目的；在资料上，传统学术以古书为中心，现代学术以实际的语言调查为中心。

要深入理解这一变化，我们不妨从几位现代学者对章太炎《新方言》的批评入手。 此书因开拓了从词源学角度研究汉语方言词汇的视角，被视作传统学术走向现代方言学的起点，在学术史上地位很高。 章太炎的确也在这本书上花了不少气力，亲自征集素材、调查记录。 他对结果非常满意，自诩可以打通今古之隔阂，推明国语之"本始"，于保存古学，甚有功德。但在现代方言学发轫时期，此书却成为众多新人物批评的箭垛，其火力则主要集中在它喜欢从周秦古籍寻找现代方言语汇来源这一点。 1924 年，中国历史上第一个方言研究机构——北大研究所国学门方言调查会，在成立宣言中就竭力分辨现代方言研究和扬雄式的"训诂学"、章太炎式的"语原学"的区别。② 章氏弟子沈兼士在 20 年代初也多次表明，《新方言》"每语必求他的古字"，最难叫人满意。 因"后起的语言，不必古书中都有本字"。 若一定"都要审定出一个原文来"，势难免

① 沈兼士：《研究文字学"形"和"义"的几个方法》《关于考订方言用字答魏建功君书》，均载《沈兼士学术论文集》，北京：中华书局 2004 年版，第 8、17 页。
② 《北大研究所国学门方言调查会宣言书》，载《北京大学日刊》（1924 年 3 月 17 日），第 3—4 版。

穿凿附会。 故我们与其"拿和现在说话不相符的古字来替代俗字",不如认真探究一下这些俗字的"意义究竟是怎样"。①

对《新方言》的评论预示了中国方言研究的一些基本偏好:在词汇和语音之间,更重视语音;在古音和今音之间,更重视今音;在"单文只字"和语句之间,更重视语句。 这最后一条也和语音有关:因为有很多字"单读不变",放在语句中就有了"音变"。② 所有这些,都透露出以当代(所谓"活语言")而不是以古典(所谓"死语言")为取向的研究眼光。 在此背景下,我们也可以明白为何有人提出要从《新方言》回到《方言》去。 那是因为,《新方言》意在"语原的考订",注重"纵的连系",即"古语和今语的连系";《方言》则"偏重于方言的搜集"和"记录",注重"横的连系",也就是"各地语言的连系"。③ 作者的意思很清楚:方言研究重心应从历时性追索转移到共时性联系上来。

这当然不是说现代学者已不再对语言的历史变化感兴趣了,正相反,那依然是方言研究的一大方向。 不过,在理论上,古今地位已经颠倒:如果说,对章太炎来说,方言俗语的

---

① 沈兼士:《一封讨论歌谣的信》《关于考订方言用字答魏建功君书》《今后研究方言之新趋势》,均载《沈兼士学术论文集》,北京:中华书局2004年版,第14—15、17、45页。

② 周祖谟(祖谟):《说方音研究》,载《国语周刊》第194期(1935年6月15日),第2页。

③ 章振华:《读〈新方言〉札记》,载《语文》第1卷第2期(1937年2月1日),第9页。

价值主要在于它们可以印证经籍史传的话，那么，从他的学生们开始，研究"纵的连系"，其意义则主要是为了深化我们对"横的连系"的认知。

事实上，整个国语运动的取向都是以当代为中心的，方言研究取向的改变只是其中一个表现。归根结底，这仍与民族国家的需求有关：简单地说，一个民族首先是存于"现在"的；无论是"过去"还是"未来"，都服务于"现在"存在的这个民族。"传统"没有任何超越性的神圣意义，历时维度的方言研究自然也不应回向往昔去寻找"终极"价值，而应转向对活泼泼的当代生活的肯定。

但也正是在这种"当代"导向里，我们看到了"传统"的价值。前引何仲英的文章指出，方言之所以是平等的，是因为它们来自同一个源头。这也意味着，我们绝不能轻视历史、文字和书本这样的"雅文化"维度在中国现代方言研究中的作用。的确，它们已不再是一种衡量尺度，然而它们转变成了一种"文化传统"。后者虽仍无法彻底和价值分离，但从表面上看，它主要还是一个描述性的概念，这使它可以"超脱"于各种具体的价值分歧之上，呈现出一种貌似"中立"的态度，从而起到为民族国家提供历史支撑、为当代文化发展提供养分的作用。很显然，在论证汉语方言的同源性这一问题上，它们扮演的角色无可替代：声音本身转瞬即逝，要勾勒语言的来历，舍弃书证则无所取材。因此，至少从技术性条件来看，方言研究无法完全脱离文字和历史的控制。

传统学术惯性的影响也是一个因素。梅祖麟发现：汉语学术界的方言调查长期采用赵元任的《方言调查表格》(1930年) 及在其基础上发展而来的《方言调查字表》(中国社会科学院语言研究所编，1955年初版)。"这种表格预先选定三千多个常用字，依《广韵》的声母、韵母、声调排列，然后每个方言都调查这些字的语音。"其优点是"在短时间内可以了解一大片方言的音韵概况"，缺点则在于漏掉了许多"'有声无字'的语词以及常用词的俚俗音"。① 这种做法在很大程度上与研究者的学术趣味有关。李壬癸发现，早期汉语方言调查者最感兴趣的是"现代方言如何和古音连接起来"。② 反过来，这种调查和思维方式也高度配合了他们的论点。魏建功曾以"怎样从台湾话学习国语"一句为例，对照了国语和台湾话的异同，结论是"如果完全依照原来字面来用台湾音说，我想与国语只是声音上的不同"。③ 在这里，我们再次看到文字是怎样决定了汉语的面貌的：不仅是国语，也包括方言。

不仅中国学者如此，西方的汉学家如高本汉等也有类似做

---

① 梅祖麟：《中国语言学的传统与创新》，载"中研院"历史语言研究所编《学术史与方法学的省思》，台北："中研院"历史语言研究所 2000 年版，第 478 页。

② 李壬癸：《七十年来中国语言学研究的回顾》，载"中研院"历史语言研究所编《学术史与方法学的省思》，台北："中研院"历史语言研究所 2000 年版，第 523 页。

③ 魏建功：《怎样从台湾话学习国语》，载《魏建功语言学论文集》，北京：商务印书馆 2012 年版，第 327 页。

法。 他那个"所有现代汉语方言都来自《切韵》"的论断，就引起了在山西做过方言调查的比利时学者贺登崧的质疑："高本汉为什么能断定汉语方言和公元 601 年的《切韵》所代表的语言有直接的派生关系呢？"那是因为，高本汉的方法是先选取一个书面语词，再请教不同地区的人们，本地方言如何表达这一事物，直到找到类似发音为止——其结果，"当然全部都能直接和《切韵》音挂上钩了"。 贺登崧认为，汉语方言中某些语音的同一性，只是"历史的偶然产物"，并不一定"具有共同的历史渊源"。 他据此认为："现代中国的文献语言学的错误不在于依据文献做研究，而在于要在方言中找出和书面汉字相对应的词。 这一做法是以汉语变化有连续性这一点作为前提的。但是事实却彻底否定了这种连续性。"[1]最后这句论断是否成立，是另一回事。 但贺登崧确实指出了将现代汉语方言与古典文献挂起钩来的隐秘路径：答案早已埋伏在研究者采用的方法中了。

中国的方言学家对此也不是没有自觉。 赵元任就曾反省："我们有时候还是脱不了'研究前人所研究或前人所创造之系统'的习惯"，故"总还是以《切韵》系韵书作为一切方言研究的出发点"，因此受到西方方言学家的批评。 但他强调，这也是万不得已之事：中国有"几千方言"，要想得着"一个大概的

---

[1] ［比利时］贺登崧：《汉语方言地理学》，石汝杰、岩田礼译，上海：上海教育出版社 2003 年版，第 7—8 页（"作者日译本序"，篇页），第 86、107 页（正文页码）。

观念"，不能不"以简御繁"，唯一法门"就是拿《切韵》系统之下的单字音作起点，以后再慢慢给某种方言的语词作详细的长篇记录"。[1] 罗常培对西方人的回应就没有这么客气了。他直言，西方学者研究汉语方言的一大缺陷就是"没有历史的出发点"，故很难说明方言间的关系。实际上，这关系只能从历史上看出，"无论拿哪一种现代方音作研究别的方音的出发点，事实上都往往走不通"。同时，表面上"看起来不能相通的两种方音，未见得没有历史的关系"。因此，"研究现代方音唯一有效的出发点就是古音"。[2]

我们不妨拿罗常培这段话和一般被视为老派学者的向楚在《巴县志·礼俗篇·方言章》中的一段话做个比较。向楚说，中国各地声音"不无讹变，……若能求得其变化之原理，掌握其沟通之途径，即不难互通语言"。[3] 二人着眼点不同，思路和观点则有不少互通之处。向楚这段话绝非纸墨见解，而是建立在其实际生活经验基础上的。1902 年，他曾在广州做国文老师，一口川话无人能懂，但他依靠扎实的音韵学底子，很快就大致掌握了广东话。[4]

---

① 赵元任:《台山语料序论》，载《赵元任语言学论文集》，北京: 商务印书馆 2002 年版，第 496 页。
② 罗常培:《汉语方音研究小史》，载《东方杂志》第 31 卷第 7 号（1934 年 4 月 1 日），第 181 页。
③ 向楚等:《巴县志》第 2 册，台北: 学生书局 1967 年影印本，第 70 页（卷页）。
④ 向在凇:《前川大文学院长向楚》，载《成都文史资料》总第 19 辑（1988 年第 2 辑），第 28 页。

因此，中国现代方言学对所谓"文献语言学"方法的依赖，并不完全出于历史的惯性，也不只出于一种技术性的需要，而是具有更加深刻的意义。如同胡以鲁、何仲英、赵元任等人观察到的，中国地域辽阔、历史悠长，文化和政治却能长期维持统一，正依赖于一个以文字、书本、经典为核心的大传统的存在；而各种千姿百态的地方性小传统，与此大传统也存在密切的对流互动。抛开大传统，我们不但无法解释中国何以成为中国，也难以在丰富多样的地方文化和民间文化的呼吸声中，分辨出它们背后的隐秘呼应。

不过，说来似乎吊诡的是，历史的维度之所以在现代学者以"当代"为导向的文化研究中起到如此核心的作用，在很大程度上也源于其地位的降低——它已不再是一个用来评判不同文化成果优劣雅俗的价值源泉，而是成为一个为民族国家提供认同和生命力的"文化传统"，这使其活力获得了极大的解放，得以积极融入当代生活的建设中。在这个意义上，历史又一次被"当代化"了。

同历史学、人类学、经济学一样，语言学也是伴随近代民族主义和进化主义的思想与实践兴起的一个学科。中国要想努力成为一个先进的民族国家，就不免要将所有这些知识照单全收。但是，中国的语言学家也比他们的西方同行面临更多的困难，不可避免地受到救亡图强一类政治意图的制约。现代语言学诞生于西方世界，伴随着殖民主义的步伐而成长，在其潜意识中无可避免地存在着西方中心主义。中国学者既要按照语言学（而不是中国传统的小学）标准建立起汉语研究，将之提升到"世界"级的水平，又须尽力防范建立在西方特殊经验上的某些教条对汉语研究造成的损害。他们试图透过汉语进步论来反驳西方视角的偏见（参看第五章），就是其中的一个例证；而围绕着"方言"概念的讨论，则在更大程度上体现出中国诉求与西化标准的紧张。

现代语言学之父索绪尔曾表示，方言和语言的边界到底何在，"这很难说"。① 甚至同源性也不是一个能够准确地把它们区分开来的标准。由此说来，要在方言和语言之间做出精确区分，不惟不可能，而且不必要。然而，学理只决定一半状况，另一半原因要到政治中寻找：对后者来说，将方言和语言区隔开来，不惟合理，亦属必要。赵元任在 1973 年的一次演讲中宣布："汉语是一种语言，不是几种语言，不但从文字上看是这样，因为应用一种文字来书写，从语言上看也是这样：因为在汉语的各方言中有一批共同的词汇单位，有大致统一的语法结构和有整套整套关系密切的音系。"②这里边涉及的学理问题，也许还需要语言学家进一步深究，但是，当赵元任做此论断的时候，无论其有意或者无意，其实都是三十余年前傅斯年、顾

---

① ［瑞士］费尔迪南·德·索绪尔：《普通语言学教程》，高名凯译，北京：商务印书馆 1985 年版，第 269、284 页。
② 赵元任：《谈谈汉语这个符号系统》，载《赵元任语言学论文集》，北京：商务印书馆 2002 年版，第 888 页。

颉刚大声疾呼的一个回响:"中华民族是一个!"①"中华民族是一个","汉语是一种语言",语言的版图是按照政治版图的走势描画的。

因此,还在我们对"方言"下定义以及划分某种语言的边界时,政治因素早已潜伏其中,以一种直接和强势的方式预先施加了影响。现代方言概念的成立和它对汉语语言边界的勾勒,以及方言调查和研究本身,都不是对语言天然秩序的简单再现,而是对语言所依存的政治社会秩序投影的描摹。这些关系经过民族国家的思想框架产生,并直接反映了后者的诉求。

---

① 傅斯年致顾颉刚(1939 年 2 月 1 日),傅斯年致朱家骅、杭立武(1939 年 7 月 7 日),均载王汎森、潘光哲、吴政上主编《傅斯年遗札》第 2 卷,台北:"中研院"历史语言研究所 2011 年版,第 954、1015;顾颉刚:《中华民族是一个》,载《宝树园文存》第 4 卷,北京:中华书局 2011 年版,第 94—106 页。

第七章

『国语不统一主义』

"一个国家，一种语言，一个民族"是语言民族主义的核心信条。① 一个新兴的民族国家不仅需要完成政治上的转型，也要完成语言上的革命。 无论是通过哪种方式形成的国语（民族统一语），在民族国家的意义上，都可以看作一种新语言，而它的诞生通常又伴随着许多旧语言（方言）的湮灭。 中国国语运动无疑是西方语言民族主义浪潮的追随者，不过，它并没有对其原型亦步亦趋。 李方桂在 1947 年的一段评论中曾注意到：接受政府所颁行的国语标准，并没有妨害大多数中国人仍然用方音去诵读文学文本，也没有使得方言的"声望"受到明显损伤。② 事实上，和许多语言民族主义运动中"国语"与

---

① ［美］克利福德·格尔茨：《何为第三世界革命？》，载《斯人斯世——格尔茨遗文集》，甘会斌译，上海：上海人民出版社 2016 年版，第 321 页。

② Fang-Kuei Li（李方桂），Review on Yuen Ren Chao *Cantonese Primer*，in *Harvard Journal of Asiatic Studies*，Vol. 10，No. 1，Jun. 1947，p. 60.

"方言"的零和竞争方式不同：在中国，国语运动的领袖们大多对方言抱有一种积极而友善的态度，很少将其看作必须打倒的对手。 在多数情形下，国语和方言可以并辔骈行，成为一种"双语"体制。 同时，国语也常被看作一组可以在某种范围内适当移动的语言光谱：只要能够帮助人们大体上无障碍地沟通，国语的能事已毕。 国语运动并不要求每个人都能把标准语说得字正腔圆，相反，它明确打出了"国语不统一主义"的旗号。 一场以"国语统一"为目标的运动却将"国语不统一主义"列为主要的宗旨之一，从全球范围来看，大概都要算是独一无二的。

当然，正如任何一个国家的国语运动一样，在中国，方言也是国语的主要对手之一。 无论如何，方言和国语之间都存在着竞争关系。 但是对手并不意味着不能同时是朋友，因此，国语运动也不意味着要把打倒方言作为一个努力的目标。正相反，它的不少领袖人物都明确宣称：国语和方言并非你死我活的关系；在统一国语的同时，也应容许甚至鼓励方言的存在与发展。

在这一点上，它与广义的国语运动中的一个组成部分——白话文运动分不开，其中特别得力于两个因素的推动。 一是新文化运动提倡的"活"文化，其被拿来论证方言写作的合理性。 正如朱执信提出的：对于"一般"中国人来说，"文话是中风麻痹的，国语是还没有活的，真正活的还是土语"。 因此，大部分写给本地人看的文章都可以"用土话做"。① 二是歌谣运动。 其初衷本是搜集民间文艺，为国语和国语文学的创作提供参考资料，但歌谣与方言具有一种天然的亲缘关系。 在歌谣运动中，如何记录方音和方言日益成为一个亟待解决的问题，不但推动了方言调查和研究的开展，也刺激了学界对方言文学的关注。 其中的一个标志性事件，当属1926年初顾颉刚搜集整理的《吴歌甲集》的出版，新文化运动的名流胡适、沈兼士、俞平伯、钱玄同、刘复都给此书写了序言，纷纷为方言文学背书。

新文化人大力襄助方言和方言文学的原因是多方面的：既有实用的考虑，又有美学的、价值论立场的或学理方面的考量。 他们中的多数人强调，方言与国语是互为依赖、密不可分的；其中，方言既是国语的形成条件，也为后者的进一步发展提供了资源。 消灭方言，国语也就成为无根之木、无源之水。钱玄同提出"方言是国语底基础"，它"是帮国语的忙的，不是拦国语的路的"。② 周作人建议，方言中有许多可以补充国语不足的表述方式，应"正式的录为国语"。③ 胡适更指出："国语不过是最优胜的一种方言。"语言如此，文学亦然："今日的

---

① 朱执信：《广东土话文》，载《建设》第2卷第3号（1920年4月），第3、4页（篇页）。
② 杨芬、钱玄同（玄同）：《通信·方言文学》，载《国语周刊》第10期（1925年8月16日），第8页；钱玄同（疑古玄同）：《〈吴歌甲集〉序》，载《顾颉刚民俗论文集》第1卷，北京：中华书局2011年版，第17页。
③ 周作人：《国语改造的意见》，载《东方杂志》第19卷第17号（1922年9月10日），第11—12页。

国语文学在多少年前都不过是方言的文学",方言文学中"那最有普遍性的部分"渐渐为大家接受,才成为"公认的国语文学的基础"。因此,"国语的文学"是"从方言的文学里出来的",而其最终"仍要向方言的文学里去寻他的新材料、新血液、新生命"。①

事实上,胡适根本就怀疑"国语统一"的可能性:"国语统一,谈何容易。……无论交通便利了,政治发展了,教育也普及了,像偌大的中国,过了一万年,终是做不到国语统一的。"而且,这还不是一个"能不能"的问题,也是一个"要不要"的问题:"国语统一,在我国即使能够做到,也未必一定是好。"因此,要给方言文学"自由发展"的机会。② 很显然,胡适所说的"国语统一",是那种按照一个标准、"字正腔圆"的"国语统一"。俞平伯也宣布:"我赞成统一国语,但我却不因此赞成以国语统一文学。"因为方言里自有一种个性,不应被消灭。③ 钱玄同主张,方言是"一种独立的语言",方言文学"是一种独立的文学"。"它们的价值,与国语跟国语文学同等。"④他还多次批评"现在那种顶着国语统一的大帽子来反

---

① 胡适:《〈吴歌甲集〉序》,载《顾颉刚民俗论文集》第 1 卷,北京:中华书局 2011 年版,第 3 页。
② 胡适:《国语运动与文学》,载《晨报副刊》1922 年 1 月 9 日,第 3 页。
③ 俞平伯:《〈吴歌甲集〉序》,载《顾颉刚民俗论文集》第 1 卷,北京:中华书局 2011 年版,第 9—10 页。
④ 钱玄同(疑古玄同):《〈吴歌甲集〉序》,载《顾颉刚民俗论文集》第 1 卷,北京:中华书局 2011 年版,第 18、16 页。

对土音方言的议论",认为这比起"守旧"言论来,"更要不得"。①

　　这些言论大部分发表在 20 世纪 20 年代中期。 此时,围绕新文化运动展开的新旧对决胜负已定,旧派已不足为虑,新派中的教条言论反有成为"专制"的危险。 钱氏之所以反对那些反对方言的言论,原因就在于此。 刘复更指出,不要"把统一国语的'统一',看做了统一天下的'统一'"。 后者的目的是"削平群雄,定于一尊",但语言有其"自然的生命",不能用人力"残杀"。"我们必不能使无数种的方言,归合而成一种的国语;我们所能做的,我们所要做的,只是在无数种方言之上,造出一种超乎方言的国语来。"②这些理由都是从价值取向的角度立论,继承了新文化运动提倡个性、反对专制的思想立场。

　　在"京国之争"中,张士一也提出统一国语的办法有两种。 第一种是"把各处的方言都改变一些,使他们趋于折衷,成为统一";第二种则"不求改变方言,只求个个人除了方言之外,还能说第二种同一的语言"。 第一种办法只能造成一种"混合语",不能真正实现语言统一;可行的是第二种办法。他的理由是,方言根植于社会,"寿命很长,难死得很;要强制

---

① 钱玄同:《记数人会(1)》,载《国语周刊》第 21 期(1925 年 11 月 1 日),第 7 页。
② 刘复:《国语问题中的一个大争点》,载《国语月刊》第 1 卷第 4 期(1922 年 5 月 20 日),第 1 页。

去消灭他，或是改变他，是做不到的"。 但一个人"学习第二种语言"却是可能的。① 张氏所提出的，实际是国语与方言并行的"双语"制。 而在这一点上，他和国音派是完全一致的。

1926 年初，由一批国语运动积极分子倡议，北京、上海、广州等地召开了全国国语运动大会。 在黎锦熙起草的《全国国语运动大会宣言》中，"国语统一"和"国语普及"被确定为国语运动的"两大宗旨"。 它们各自又包含两个层次："国语统一"兼有"统一"和"不统一"两面，"国语普及"也兼具"普及"和"不普及"两面。《宣言》强调："国语统一，并不是要灭绝各地的方言。"方言不但于"事实上不能灭绝"，在"文学上"亦有其独特"价值"。 在教育上，受义务教育的儿童应学会国语，"僻陋的农村、不交通的乡镇"可以不说国语，但须"能够写得出表示国语的拼音文字，能够读得懂一切国语的书"，此是"统一"。 一般平民则"不必一定要学习标准的国语"，可以用注音字母书写其方言，此是"不统一"。 在文学上，"国语的文学"是"统一"的；民间文学则可使用方言，以保持其"真相大明精神活现"，这又是"不统一"的。"总而言之，统一的国语，就是一种标准的方言；不统一的方言，就是许多游离的国语。 各有用途，互相帮助，这就叫'不统一'的

---

① 张士一：《国语统一问题》，载《新教育》第 3 卷第 4 期（1920 年），第 432—433 页。

国语统一。"①从国语文学运动初期的"不注重统一",到将"不统一"明定为"宗旨",国语运动保护方言的意识愈益自觉,历历可见。

"双语"构想获得了多数语言学家认可。20世纪40年代,罗常培曾在教育部国语推行委员会一次常委会上提出:"国语务求统一,应该全国一致推行国音国语,不必再顾方言。"吴稚晖当即反驳:"方言是自然存在的,即使将来国语通行全国,而各地方言仍会在各地老百姓嘴里应用,决不会归于消灭。"②这一论点延续了国语运动从一开始就坚持的立场,而罗常培的意见在国语运动的领导者中则是少数派。1946年,吕叔湘声明:"咱们提倡国语,可不是要消灭方言。"③王力则提出"提倡国语,拥护方言"的口号。④不但不"消灭",还要"拥护"之,态度更为积极。

反对消灭方言,也是左翼文化人的主张。如前所述,中国字拉丁化运动者指责国语运动"强迫"各地民众放弃自己的语言去学习国语,实际就是文化上的"侵略"和"独裁"(参看第二章)。他们主张通过各地方言的自然发展、融合形成一种

① 黎锦熙:《全国国语运动大会宣言》,载《全国国语运动大会会刊》第2期(1926年3月),第2—5页。
② 《国语推行委员会常委会议记录》,日期不明,中国第二历史档案馆藏国民政府教育部档案,档案号:5-12295。
③ 吕叔湘:《汉字和拼音字的比较——汉字改革一夕谈》,载《国文杂志》第3卷第5、6期合刊(1946年),第17页。
④ 王力:《漫谈方言文学》,载《岭南大学校报》第38期(1948年10月10日),第1页。

"共通语"，在此过程中，则努力保障所有方言参与"这一共通语"创造的机会。但是，国语运动本无打压方言之意，对于这种政治先行的批判当然不服。1932年9月，何容用笔名在教育部国语统一筹备委员会主办的《国语周刊》上发表了一篇文章，强调"'国语统一'并不是'中央集权'，多少倒有点像'分治合作'或者'均权主义'"。国语运动不但不会消灭方言，反而提倡各地方言"尽量发展"，同时努力地"吸收"某些方言成分。①

不久，黎锦熙又专门为此写了一篇文章，题为《国语"不"统一主义》，先在北平《文化与教育》旬刊连载三期，之后又由《国语周刊》分两期转载，可谓郑重其事。其实，此文不过是对《全国国语运动大会宣言》宗旨的重申，其中有一大段根本就是原文照录。不过，黎锦熙的这篇文章更具针对性。首先，在《宣言》中，"不统一"只是国语运动两大宗旨中第一个宗旨里的一个层次，此处则正式升华为一种"主义"，并且以文题方式表示，重要性明显上升。其次，文章举出教育部颁布的有关法令中的不少条目，指出它们都是根据"不统一"原则确立的，表明这主张已见诸行事，绝非空言。最后，文章在结尾处强调："'国语统一主义'，为的是全民族精神之团结；'国

---

① 何容（老谈）：《国语统一和方言》，载《国语周刊》第52期（1932年9月17日），第2页。

语不统一主义'，为的是各地方特性之利导。"①将"统一"和
"不统一"的关系揭示得更清晰。 黎锦熙等人的辩白似乎并没
有发生效用，左翼文化人也根本无意接受他们的辩护。 如果抛
开政治斗争的考量，平心而论，双方的立场其实并无差异：无
论是拉丁化运动，还是国语运动，大家在反对废止方言方面，
态度是一致的。

实践上就更是如此。 早在西周时期，"雅言"就成为华夏
诸国的共同语言。 但长期以来，这种共通语并未通行于全社
会，对普通人几乎不具任何强制性的效力，在日常生活中也没
有享受更多青睐（参看第一章）。 除了特殊情况，很少有人把
官话当作生活中的首选语言。 方言才是大家的"母语"。 即便
是小儿念书，大多也都采用乡音授读。 这一情况在清末才开始
发生变化。 不过，直到 20 世纪末，仍有很多人虽然会说一口
流利的国语，却坚持说方言的。 比如，傅振伦就一辈子只说他
的河北话，不讲国语。 他自己解释："我怕脱离父老乡亲，不
敢向乡里撇'京腔'。"②一向积极关注国语运动的傅斯年则曾
因为在家说北京话，而被嘲笑为"说起老妈子的话来了"，从此

---

① 黎锦熙：《国语"不"统一主义》，分载《文化与教育》第 5 期（1933 年 12 月 31
日），第 2—3 页；第 6 期（1934 年 1 月 10 日），第 5—6 页；第 7 期（1934 年 1
月 12 日），第 2—4 页。
② 傅振伦：《蒲梢沧桑——九十忆往》，上海：华东师范大学出版社 1997 年版，
第 4 页。 文中自注已略。

一生只讲山东聊城的方言。① 贵为读音统一会会长、国语统一
筹备委员会主席、国语统一推行委员会主任委员的吴稚晖也是
一样，虽能说标准的国语，平日说话却都是"一口无锡土话带
一些常州的尾音"。②

国语活动家和知识分子尚且如此，一般人士更可想见。
1926 年，江苏省的一份报告指出："儿童在学校学了国语，偶
尔在家庭说着，家属便生厌恶。"③那还是推行国语运动最热心
的地区，其他地方，这种现象只会更甚。普通人对国语的实际
感知和官方轰轰烈烈的宣传运动之间，存在不小距离。不过，
我们也不能简单地将此归为理论和实践的差异，而要考虑到社
会场景即语域的影响：对于一个具备"双语"能力的人来说，
何种情形使用国语，何种情形使用方言，是有规则可寻的。具
体到三四十年代的中国，这种语域可以分作几类，每一类型又
与不同的意义脉络相关。要细致地勾勒它的意义地形，就必须
突破单纯的思想史路径，兼采阐释人类学的视角，不仅要注意
那些带有宣言和理论性质的文献以及官方发布的政策、条令等
文件，更要从时人的日常实践中勘察其背后的意义走向。

第一种语域是城乡之别。当时流行的一个看法认为，国语

---

① 赵元任：《我的语言自传》，载《赵元任语言学论文集》，北京：商务印书馆
2002 年版，第 643 页。
② 陈存仁：《银元时代生活史》，上海：上海人民出版社 2000 年版，第 180 页。
③ 孙浚源：《我对于国语运动的四个绝大希望》，载《全国国语运动大会会刊》第
2 期(1926 年 3 月)，第 24 页。

适合于大都会，农村和偏远的内地则是方言的势力范围。 这一点可以用话剧为例。 作为一种舶来品，话剧的影响长期限于少数几个大城市，基本采用国语或普通话演出。 20 世纪 30 年代中期，随着文化救亡运动的兴起，其演出范围有所扩散，但走出大城市之后，其生存范围迅速压缩，主因就是语言障碍。 为此，有的剧团在城区演出时使用国语，到了乡村就用方言。①

第二种语域是内外之别。 所谓"内"，主要指家庭和家乡。《全国国语运动大会宣言》清楚指出，国语要"人人能够说，却不是人人必须说，因为常言说得好，'官腔莫对同乡打'"。 当然，另一面也很重要："虽然不是人人必须说，却要人人能够说，为的是大家都是中国人，却不应该见面时不会说中国话。"②其实此言存在语病，因方言亦"中国话"也。 不过，它却准确把握到语言的使用规则：中国传统讲究内外之别，同样一套举止，对外是谦恭有礼，对内可能就是生分疏离；不同情境的转换非常关键，语言就是最直观的标志之一。30 年代一位左翼文化人观察到：会说国语的少数智识分子一旦回乡，就要"打乡谈"，"不讲土话好像是一种耻辱"。③ 家庭之内当然更是如此。 吴稚晖说，中国人即使能讲官话者，于"家人父子之聚语，仍各操其亲切之纯一方言。 家人而说官

① 史亮：《戏剧下乡之方言问题》，载《抗敌戏剧》第 2 卷第 3、4 合期（1939年），第 29 页。

② 黎锦熙：《全国国语运动大会宣言》，载《全国国语运动大会会刊》第 2 期（1926 年 3 月），第 2—5 页。

③ 齐同：《大众文谈》，载《现实》1939 年第 4 期（1939 年 9 月 15 日），第 307 页。

话，即小孩亦笑不休也"。①

　　一个人选用何种语言，反映出他对自我及所处社会空间性质的判断，同时也暗含了一整套与之相应的社会互动方式。在家乡、家庭这类情境中，最得体的语言当然是母语。作为一种认同的表示，这直接影响到一个人是否被待之以"自己人"。讲方言令人感到"亲切"，在乡人面前讲国语，则不免令人感到疏远隔膜、高高在上，因而招人鄙视。这些都提示出，语言在建构社会身份的同时，也塑造了人们的情感体验。20 世纪上半期，中国社会结构的大规模变化才刚刚开始，大多数人的心理结构还具有很强的延续性，为方言的广泛使用提供了极大空间。

　　第三种语域是公私场合。时人往往认为，方言是非正式的，可以用于日常和私人的场合；国语是"正式"的、官方的、面向公众的，带有强烈的政治性和国家色彩。国民党召开中央全会时，要请一位"熟于北平音"的人士"专任"报告之事。② 其故在此。有些地方政府也做了一些相关规定。1938 年 2 月，福建省主席陈仪明令"全省公务人员及教职员"，"以后无论公共讲演以及私人谈话，均应避免本地土话，尽力应用国语，以为一般民众表率"。1940 年 6 月，省

---

① 吴稚晖：《西北为文明之摇篮》，载《吴稚晖先生全集》第 5 卷，台北："中国国民党中央委员会党史史料编纂委员会"1969 年版，第 75 页。
② 吴稚晖：《注音符号歌》，载《吴稚晖先生全集》第 5 卷，台北："中国国民党中央委员会党史史料编纂委员会"1969 年版，第 359 页。

政府再次号召公务人员"力避方言,倡用国语"。① 广东省教育厅则要求各级机关职员及学校职员、教员自 1944 年 12 月 1 日之后,学生自 1945 年 6 月 1 日之后,在"公事来往"中,"一律以说国语为原则。"②

　　福建、广东是 20 世纪三四十年代国民政府推行国语运动的重点区域。 这不仅因为两省语言状况异常复杂,内部方言林立,与国语标准的差距也最大;而且也因其在政治上频繁反侧,令国民党中央头痛不已。 因此,无论在象征还是实用意义上,闽粤二省的国语运动都是中央权力扩张的一部分。 但必须强调的是,这些文件都是针对公务人员和教师、学生制定的,并不包含普通百姓;对方言也不是一律严禁,福建省政府的几份文件大都采用了"号召"的口吻。 广东的要求更严格,但也没有消灭方言的表述;同时更将"公事来往"和"私人谈话"分为两个层次,对使用国语的要求也表示了区别对待(至少是"步骤"的区分)的意思。

　　上面粗略辨认了与方言使用的语域有关的几种类型。 需要说明的是,它们只是帮助我们梳理某些社会现象的权辞,不可过于拘泥。 实际情形要比这复杂得多,而不同类型又多少具有

① 《福建省政府主席手令》,1938 年 2 月 22 日;福建省政府:《公务员及教职员应负普及国语责任,以后讲演及谈话,应均用国语以为民众表率》,1938 年 2 月 24 日,均为福建省档案馆藏民国时期福建省政府档案,档案号:1-1-426。
② 《广东省政府教育厅训令》(云教社字第 48312 号),1944 年 6 月 23 日,广东省档案馆藏民国时期广东省政府档案,档案号:5-2-23。

一些连续性。 这些分类所反映的，主要还是一种认知取向：国
语和城市、外乡、"正式场合"的关联，方言和农村、本土、"非
正式场合"的关联，更多地建立在心态认知层面上，受到更广
泛的社会价值和文化意义系统影响，未必存在任何逻辑的必然
性。 但无论如何，这种社会场景的分类系统一经形成，就为国
语和方言的"双语"实践提供了一个潜在的行为参考框架，从
而生产出相应的社会事实。

　　理论上，国语是"标准语"，但"标准"也还有程度的不
同，有不同即有争议。 有一部分人力主严格推行"标准国
语"；但也有相当多的人认为，只要不同地方的人们可以自由
交流，即便是"蓝青官话"，也已达到语言部分统一的目的，
而国语毋宁是"蓝青官话"的"升级版"。 这种意见影响甚
大，以至有些官方文件都不自觉地使用了"蓝青国语"一类
说法。

　　第一派主张的支持者主要是一些语文教育界的人士。 20
世纪 20 年代在教育界非常活跃的范祥善、金陵中学国文教师吴
亚伯等，都主张"字正腔圆"的国语。① 而新文化运动的领袖
人物如钱玄同、胡适等，则恰好相反。 1920 年 5 月，胡适在为
教育部《国语讲习所同学录》所写序言中，专门批驳了要求教
育部规定"国语标准"的主张。 因为在他看来，国语标准是自

---

① 范祥善：《怎样教授国语》，载《教育杂志》第 12 卷第 4 期（1920 年 4 月 20
　日），第 11 页；吴亚伯：《驳方叔远君〈我之注音字母观〉》，载《时事新报·
　学灯》1920 年 5 月 21 日，第 4 张第 1 版。

然逐步形成的,"不经过南腔北调的国语,如何能有中华民国的真正国语"?[①] 刘半农则用其一贯的明快风格宣布:"我的理想中的国语,并不是件何等神秘的东西,只是个普及的、进步的蓝青官话。"[②]陆费逵就注意到:提倡国语的张一麟、陈颂平、黎锦熙等,都只能"各说各的蓝青官话,彼此能懂就是了"。[③] 这些论断表明,在他们看来,国语主要还只是一种互通情意的工具,其自身并没有什么独立价值。 他们虽然重视语言在塑造民族意识方面的作用,但大体上仍保留了一种更加实用的口语观。

在一段时间里,"南腔北调的国语"也获得了官方的支持。1930 年,教育部发布 235 号训令,要求各省教育厅饬令"所属中小学教员,在可能范围内,一律用'和标准国语相近的语言'作教授用语"。 这是教育部首次向中小学教师提出此项要求(此前仅限于师范学校),具有一定的过渡性质,其倡导的意味远大于实际的意义,因而加了许多限制性词句。 表述为"和标准国语相近的语言",而不是"标准国语",就是这一过渡性质的体现。 不过,训令也明确表示:"除标准语外,所谓国语,总不免南腔北调,不大纯粹。 用不纯粹的国语作教授用

① 胡适:《〈国语讲习所同学录〉序》,载《胡适文集》第 2 卷,北京:北京大学出版社 1998 年版,第 165—166 页。
② 刘复:《国语问题中的一个大争点》,载《国语月刊》第 1 卷第 4 期(1922 年 5 月 20 日),第 1 页。
③ 陆费逵:《国语国音和京语京音》,载《中华教育界》第 10 卷第 9 期(1921 年),第 4 页。

语,虽然不很惬意,但是总比用土语教授的好得多。"①这里的"总不免"三字暗示,"不纯粹的国语"并不全然是个过渡性的要求。 从根本上看,它也是在官方容忍限度内的。

20世纪上半期的中国国语运动中一直存在一个以往被人低估了的思想倾向,那就是对"过度统一"的警觉。 关键在于,这些主张的提出者和赞助者,并非身处边缘的小角色,而都是鼎鼎大名的意见领袖,且多数都在官方国语和教育机构中担任要职,对有关政策的制定和整个运动的走向具有深远的影响,决不可等闲视之。

做个比较就能发现,这两个现象都可以被视为中国语言民族主义的特色。 先来看对于方言的态度。 法国学者海然热曾激烈指责欧洲的"语言和政治民族主义一直以规范和改良派自命",致使"地方语言不断受打压",其后果就是语言的"多样性被削弱"。 他认为,印度和中国在对待方言时扮演了正面的角色:它们"能够把极为不同的语言汇合在一起"。② 再看国语的标准化问题。 彼得·伯克指出,在16世纪的意大利和17世纪的法国,人们都非常注意"说话的方式"。 在英格兰、荷兰、德国,口音都被视为"区分社会阶层的标志",许多"方

---

① 《广东省教育厅训令》(第366号),1930年3月20日,广东省档案馆藏民国时期广东省政府档案,档案号:5-2-47。
② [法]克洛德·海然热:《访谈录一:〈快报周刊〉多米尼克·西莫奈问答》,载克洛德·海然热《语言人:论语言学对人文科学的贡献》,张祖建译,北京:北京大学出版社2012年版,第328页。

言"因此备受歧视，大家都要努力学习"标准"口音，以便能够出人头地。① 和中国不少上层社会人士满足于"蓝青官话"式的国语的态度对照一下就可以发现，这二者可谓天壤之别。

近代日本对国语的推行也很严格。1947 年，台湾省国语推行委员会的一份报告提到，在日本殖民统治时期，很多台胞都学会了日语，而"日本语是统一的。凡来台的日本人都能说日本的标准语"。台湾光复之后，"许多祖国的同胞来到台湾，虽然都是讲的国语，但是浙江人讲的浙江国语，江苏人讲的江苏国语，广东人讲的广东国语，四川人讲的四川国语，彼此都不同，甚至于有时候，彼此都听不懂"，遂使台胞困惑异常，不知究竟要在这许多"国语"中学习"哪一种"。国语推行委员会不得不提出两项要求："在说的方面，我们要能说得跟北平人说话一样最好。在听的方面，我们要能听懂各种大同小异的'蓝青'国语才行。"（注意这里的"'蓝青'国语"一词。）报告慨叹："台湾同胞对于国语的标准非常重视，竭力追求。这同时也可以显出内地各省同胞又太不注重标准了。"②

其实，台胞对国语标准的注重，主要还是在日本殖民统治时期养成的习惯。在中国，"蓝青国语"从未被当成一个大麻烦。但与日本比较起来，就相形见绌，使得负责推行国语的官

① ［英］彼得·伯克：《语言的文化史：近代早期欧洲的语言和共同体》，李霄翔、李鲁、杨豫译，北京：北京大学出版社 2007 年版，第 152—153 页。
② 《台湾省国语推行委员会对于教育部招开远东区基本教育会议准备会提出关于中国普遍推行国语教育意见书》，1947 年 7 月 1 日，中国第二历史档案馆藏国民政府教育部档案，档案号：5-12295。

员甚感遗憾；反过来，也将中国人在这方面的心态特色衬托得更为鲜明。 不过，台湾省国语推行委员会的文件也提示出 20 世纪 40 年代中后期官方对国语标准化问题的态度发生了某些重要的转变，特别是闽、粤、台地区。 台湾光复之后的国语运动执行得最为严格，不少学校甚至针对学生"说台湾话"规定了各种严苛的惩罚制度。 不过，那更多地与在这些"不稳定地区"强化统一意识有关，不能据此否定国语运动中长期存在着"不统一"的一面。

那么，究竟是什么原因造成了这些特色？ 我们前边的论述已大略涉及了某些内容，其中的一个要点在于，国语运动的推动者大都是新文化人，对任何"定于一尊"的价值都怀有深刻的疑虑，他们对方言地位的维护，是同保护个性和文化多元性的考虑分不开的。 不过，除了这项新的思想因素之外，传统中国的某些社会和文化取向也对此产生了不可忽视的影响。 具体则又可以分作三个要点：一是文和语的关系；二是官话和方言的相对地位问题；三是社会伦理观。

中国文化中长期存在"重文轻语"的传统，它的表现之一即是对口语表达的相对放任。 当然也不是完全不顾。 不过，受到关注的主要是跟读书有关的"字音"，而非说话的"语音"。 这与西方同样悠久的重视口头表述的语言传统形成了鲜明对比。 虽然晚清以来，随着西学霸权的建立，"重文轻语"的倾向受到激烈批评，然而，这个倾向并没有根本消失，还直接影响了国语运动的成效。 在日常生活中，多数人并不愿改说国语；学国语的时候，也多少沿用了过去人学官话的习惯，实际上更侧重于与书面语言相近的那些因素——"蓝青国语"的提法，便是这一传统惯性思维所致。

根据语言民族主义的标准版本，国语和方言是有等级差异的；但中国因有"轻语"的传统，对语言的社会等级并未予以过多关注（并不是不存在）。赵元任说："在有皇帝的年代，掌握官话只是一种方便，并不能提高身价；用南方口音说话，主要是不方便，并没有什么难为情的地方。"相反，在有些情形下，说官话倒有可能被当成一件丢人事。赵元任指出，明清以来，一般都认为"中部和南部方言"保存了更多更纯正的古典语言现象，（北方）官话则丧失了这些特点。[1] 赵家人就"总觉得"官话"只是日常的随便说话"，不能用来"念古书作诗文"。[2] 官话形象如此，被当作其"后身"的国语，也不免池鱼之殃。

反之，方言的地位也不低。前边讲过，中国的书写传统要求力避土语，但即使如此，也有一些例外。首先，按照"礼失求诸野"的原则，许多土语被视为雅言的流变或讹变（参看第六章）。由此，"俗""雅"之别不过是时间先后的差异，而非本质的不同。其次，早有很多人注意到，儒家经典中就包含了

---

[1] 赵元任：《什么是正确的汉语》，载《赵元任语言学论文集》北京：商务印书馆2002年版，第837—839页。

[2] 赵元任：《我的语言自传》，载《赵元任语言学论文集》，北京：商务印书馆2002年版，第649页。

不少方言成分。清人俞正燮云："经史多有方言，学者贵知之，然必立一雅言为之准，而后方言可附类而通也。"①刘熙载也说，"观《左氏》、《公羊》载方言，则知古人之音，亦不能有俗无雅。惟不以俗者入于诗歌"，故"论韵必以雅为归极"。②虽然都强调以"雅"齐"俗"的必要，但也都指出了"雅"中有"俗"的事实，而方言在无形中亦好似落难贵族一般，不碍其出身的高贵。

在传统社会伦理观中，方言更被赋予一种非常积极的象征意义，不能操持原籍土音，往往被视为"忘本"，可谓极大罪恶。因此，不废方言不只是社交需要，更攸关道德抉择。游子归来，能否"乡音如故"，成为乡人们判别其品行高下的主要指标之一。语言和道德之间的对应，关系密切如斯。而在整个20世纪的大部分时段里，即使是新派人物，也大都信守奉行着这个准则。赵元任留学归国，遇到小学时候的老师吕思勉，立刻改口说常州话："我本来跟他说常州话，要是跟他说国语，觉得不恭敬似的。"③这和傅振伦不肯"撒京腔"一样，都体现了同一种情感教养。

因此，传统文化与社会伦理观中的某些取向，有助于方言

---

① 俞正燮：《癸巳存稿》，载《俞正燮全集》第2册，合肥：黄山书社2005年版，第370页。
② 刘熙载：《说文叠韵》，载《刘熙载集》，上海：华东师范大学出版社1993年版，第352页。
③ 赵元任：《我的语言自传》，载《赵元任语言学论文集》，北京：商务印书馆2002年版，第650页。

在中国社会获得一种较高的评价。 这提示我们，中国国语运动中的"不统一主义"，绝非无因而至；要理解它们的起源与意义，必须把考察视线放得更长。 这样，我们才能注意到，"传统"早已透过无形的文化心态和社会礼仪，大幅渗透到这个自觉追求"现代化"的运动中，并成为其内部制约性的一部分，造成了中国语言民族主义的复杂与张力。 这同时亦把国语和方言并置在一种既相互竞争又彼此依赖的复杂语境中，提示出国家与地方、现代与传统之间的复杂纠葛。

主要参考文献

1. ［英］安东尼·史密斯. 民族主义：理论，意识形态，历史. 叶江译. 上海人民出版社，2006

2. 本社编. 清末文字改革文集. 文字改革出版社，1958

3. ［英］彼得·伯克. 语言的文化史：近代早期欧洲的语言和共同体. 李霄翔、李鲁、杨豫译. 北京大学出版社，2007

4. 补青. 论简易识字学塾.《直隶教育杂志》戊申第15期，1908年10月25日

5. 蔡元培. 新年梦//俄事警闻（1904年2月25日）. 台北："中国国民党中央委员会党史史料编纂委员会"，1968，影印

6. 岑麒祥. 语言学史概要. 世界图书出版公司北京公司，2008

7. 岑麒祥. 中国语在语言学上之地位.《统一评论》创刊号，1937

8. 陈存仁. 银元时代生活史. 上海人民出版社，2000

9. 陈辉. 从泰西、海东文献看明清官话之嬗变：以语音为中心. 中国社会科学出版社, 2015

10. 陈梦家. 书语. 《国文月刊》第 1 卷第 6 期, 1941 年 2 月

11. 陈虬. 新字瓯文七音铎. 文字改革出版社, 1958, 影印

12. 陈望道. 一种方言的语尾变化//陈望道语文论集. 上海教育出版社, 1997

13. 杜亚泉（伧父）. 论国音字母. 《东方杂志》第 13 卷第 5 号, 1916 年 5 月 10 日

14. ［美］范发迪. 清代在华的英国博物学家：科学、帝国与文化遭遇. 袁剑译. 中国人民大学出版社, 2011

15. 范祥善. 怎样教授国语. 《教育杂志》第 12 卷第 4 期, 1920 年 4 月 20 日

16. ［瑞士］费尔迪南·德·索绪尔. 普通语言学教程. 高名凯译. 商务印书馆, 1985

17. 福建省政府. 公务员及教职员应负普及国语责任, 以后讲演及谈话, 应均用国语以为民众表率(1938 年 2 月 24 日). 福建省档案馆藏民国时期福建省政府档案. 档案号：11426

18. 傅懋勣. 现代汉语动词形容词介词为一类说//傅懋勣先生民族语文论集. 中国社会科学出版社, 1995

19. 傅振伦. 蒲梢沧桑：九十忆往. 华东师范大学出版社, 1997

20. ［瑞典］高本汉. 中国语言学研究. 贺昌群译. 商务印书

馆，1934

21. 高名凯. 汉语语法论. 开明书店，1948

22. 高名凯. 中国语的特性.《国文月刊》第 41 期，1946 年
3 月 20 日

23. 高平叔. 蔡元培年谱长编（第 1 卷）. 人民教育出版
社，1999

24. 顾颉刚. 顾颉刚民俗论文集（第 1 卷）. 中华书局，2011

25. 顾颉刚. 中华民族是一个//宝树园文存（第 4 卷）. 中华
书局，2011

26. 顾实. 评国音字典例言.《时事新报·学灯》1920 年 11
月 24 日

27. 郭绍虞. 中国语词之弹性作用//语文通论. 开明书
店，1941

28. 国人. 国音国语的讨论.《时事新报·学灯》1921 年 6
月 15 日

29. ［法］克洛德·海然热. 访谈录一：《快报周刊》多米尼
克·西莫奈问答//语言人：论语言学对人文科学的贡献. 张祖建
译. 北京大学出版社，2012

30. ［比利时］贺登崧. 汉语方言地理学. 石汝杰、岩田礼
译. 上海教育出版社，2003

31. 何容（老谈）. 国语统一和方言.《国语周刊》第 52
期，1932 年 9 月 17 日

32. 何容. 什么叫做"官僚的所谓国语"？.《国语周刊》第

48 期，1932 年 8 月 20 日

33. 何容. 再论"官僚的所谓国语".《国语周刊》第 61 期，1932 年 11 月 19 日

34. 何仲英. 为国音国语问题和陆费逵君商榷.《时事新报·学灯》1921 年 4 月 1 日

35. 何仲英. 中国方言学概论.《东方杂志》第 21 卷第 2 号，1924 年 1 月 25 日

36. 胡适.《高元国音学》序//高元《高元国音学》. 商务印书馆，1922

37. 胡适.《国语讲习所同学录》序//胡适文集（第 2 卷）. 北京大学出版社，1998

38. 胡适. 国语运动与文学.《晨报副刊》1922 年 1 月 9 日

39. 胡适. 胡适日记全编(第 3 册). 安徽教育出版社，2001

40. 胡适. 五十年来之中国文学//胡适文集（第 3 卷）. 北京大学出版社，1998

41. 胡以鲁. 国语学草创. 商务印书馆，1923

42. 华超. 什么叫做言语学?.《教育杂志》第 13 卷第 6 期，1921 年 6 月 20 日

43. 黄汝成. 日知录集释. 岳麓书社，1994

44. 黄泽人. 国语到底怎么样进行.《时事新报·学灯》1921 年 6 月 29 日

45. 忌浮. 重读《论龙果夫〈八思巴字和古官话〉》//耿振生主编《近代官话语音研究》. 语文出版社，2007

46. 江谦. 小学教育改良刍议.《申报》1910 年 11 月 1 日

47. 教育部国语统一筹备委员会编. 国音常用字汇. 商务印书馆, 1932

48. 教育部国语推行委员会. 会务报告（1940 年）. 中国第二历史档案馆藏国民政府教育部档案. 档案号：512284

49. 教育部国语推行委员会编. 中华新韵. 正中书局, 1947

50. 教育部社会教育司. 订定推行国语教育方案请讨论案（文稿），日期不明. 中国第二历史档案馆藏国民政府教育部档案. 档案号：512301

51. ［美］柯娇燕. 书写大历史：阅读全球的第一堂课. 刘文明译. 新北：广场出版, 2012

52. ［美］克利福德·格尔茨. 何为第三世界革命？ //斯人斯世：格尔茨遗文集. 甘会斌译. 上海人民出版社, 2016

53. 劳乃宣. 候补京堂劳乃宣奏进呈简字谱录折.《申报》1908 年 8 月 30 日

54. 劳乃宣. 简字谱录. 文字改革出版社, 1957

55. 劳乃宣. 论简字学堂办法事.《中外日报》1906 年 4 月 27 日

56. 劳乃宣. 奏请于简易识字学塾内附设简字一科并变通地方自治选民资格折.《申报》1910 年 1 月 28 日

57. 黎锦熙. 国语"不"统一主义.《国语周刊》第 127 期, 1934 年 3 月 3 日；第 128 期, 1934 年 3 月 10 日

58. 黎锦熙. 国语学大概.《晨报副刊》1922 年 12 月 31 日

59. 黎锦熙. 国语运动史纲. 商务印书馆, 1934

60. 黎锦熙. 黎锦熙的国语讲坛. 中华书局, 1923

61. 黎锦熙. 全国国语运动大会宣言.《全国国语运动大会会刊》第 2 期, 1926 年 3 月

62. Fang-Kuei Li（李方桂）. Review on Yuen Ren Chao *Cantonese Primer*, *Harvard Journal of Asiatic Studies*. Vol. 10, No. 1. Jun. 1947

63. ［英］李提摩太. 新字述略.《万国公报》第 114 册, 1898 年 7 月

64. 廖立勋. 实用国音学. 商务印书馆, 1921

65. 林辂存. 请用切音呈折//力捷三《闽腔快字》. 文字改革出版社, 1956, 影印

66. 林语堂（林玉堂）. 研究方言应有的几个语言学观察点.《歌谣·纪念增刊》, 1923 年 12 月 17 日

67. 凌远征. 新语文建设史话. 河南大学出版社, 1995

68. 刘本龄. 华商国语研究会小引.《南洋群岛商业研究会杂志》第 3 期, 1911 年 1 月 30 日

69. 刘复. 国语问题中的一个大争点.《国语月刊》第 1 卷第 4 期, 1922 年 5 月 20 日

70. 刘复. 语言的进化.《晨报副刊》1926 年 12 月 13 日

71. 刘复. 中国文法通论. 群益书社, 1924

72. 刘儒. 国语教学法讲义. 商务印书馆, 1922

73. 刘熙载. 说文叠韵//刘熙载集. 华东师范大学出版

社，1993

74. 刘晓南. 朱熹与宋代方音//汉语历史方言研究. 上海人民出版社，2008

75. 刘泽先. 普通话和标准音.《中国语文》1954 年第 5 期

76. 卢赣章. 中国第一快切音新字原序//一目了然初阶. 文字改革出版社，1956，影印

77. 陆费逵. 国语国音和京语京音.《中华教育界》第 10 卷第 9 期，1921

78. 陆费逵. 我对于国音国语的意见//陆费逵文选. 中华书局，2011

79. 罗常培. 汉语方音研究小史.《东方杂志》第 31 卷第 7 号，1934 年 4 月 1 日

80. 罗志田. 国家与学术：清季民初关于"国学"的思想论争. 生活·读书·新知三联书店，2003

81. 吕叔湘. 汉字和拼音字的比较：汉字改革一夕谈.《国文杂志》第 3 卷第 5、6 期合刊，1946

82. 吕叔湘. 文言和白话//吕叔湘文集（第 4 卷）. 商务印书馆，1992

83. 蒙启谟. 读音统一会会员蒙启谟等提议.《中华教育界》第 2 卷第 5 期，1913 年 5 月 15 日

84. 倪海曙. 清末汉语拼音运动（切音字运动）编年史. 上海人民出版社，1959

85. 倪海曙编. 中国语文的新生：拉丁化中国字运动二十年

论文集.时代书报出版社，1949

86. ［丹麦］裴特生.十九世纪欧洲语言学史（校订本）.钱晋华译.世界图书出版公司北京公司，2010

87. 齐同.大众文谈.《现实》1939 年第 4 期，1939 年 9 月 15 日

88. 钱玄同.对于许锡五君的"国语字母钢笔书写法"说的话.《晨报副刊》1923 年 10 月 2 日

89. 钱玄同.国音沿革六讲//钱玄同文集（第 5 卷）.中国人民大学出版社，1999

90. 钱玄同.记数人会（1）.《国语周刊》第 21 期，1925 年 11 月 1 日

91. 钱玄同.钱玄同日记(第 2 册).福建教育出版社，2002

92. 钱玄同.《吴歌甲集》序//钱玄同文集（第 3 卷）.中国人民大学出版社，1999

93. 钱玄同.以公历一六四八年岁在戊子为国语纪元议（与黎锦熙、罗常培书）.《国语周刊》第 77 期，1933 年 3 月 18 日

94. 钱玄同.中国今后之文字问题.《新青年》第 4 卷第 4 号，1918 年 4 月 15 日

95. 钱玄同等.请组织"国语罗马字委员会"案.《晨报副刊》1923 年 9 月 13 日

96. 璩鑫圭、唐良炎编.中国近代教育史资料汇编·学制演变.上海教育出版社，1991

97. 瞿秋白.瞿秋白文集·文学编（第 3 卷）.人民文学出

版社，1989

98. ［英］R. H. 罗宾斯. 简明语言学史. 许德宝、冯建明、胡明亮译. 中国社会科学出版社，1997

99. 三爱（陈独秀）. 国语教育.《安徽俗话报》第 3 期（1904 年 5 月 15 日）. 人民出版社，1983，影印

100. 邵荣芬. 切韵研究. 中华书局，2008

101. 沈步洲. 言语学概论. 商务印书馆，1931

102. 沈国威. 近代中日词汇交流研究：汉字新词的创制、容受与共享. 中华书局，2010

103. 沈兼士. 沈兼士学术论文集. 中华书局，2004

104. 沈学. 盛世元音. 文字改革出版社，1956，影印

105. 沈毓桂（古吴居士）. 西士论中国语言文字.《万国公报》第 15 年 708 卷，1882 年 9 月 30 日

106. 史亮. 戏剧下乡之方言问题.《抗敌戏剧》第 2 卷第 3、4 合期，1939 年

107. 宋教仁. 宋教仁日记. 湖南人民出版社，1980

108. 孙宝瑄. 忘山庐日记. 上海古籍出版社，1983

109. 孙浚源. 我对于国语运动的四个绝大希望.《全国国语运动大会会刊》第 2 期，1926 年 3 月

110. 孙锵鸣. 谕孙诒泽书//孙锵鸣集. 上海社会科学院出版社，2003

111. 台湾省国语推行委员会. 台湾省国语推行委员会对于教育部招开远东区基本教育会议准备会提出关于中国普遍推行

国语教育意见书(1947年7月1日).中国第二历史档案馆藏国民政府教育部档案.档案号：512295

112. 台湾省国语推行委员会.国语运动纲领(日期不明).中国第二历史档案馆藏国民政府教育部档案.档案号：512295

113. 谭彼岸.晚清的白话文运动.湖北人民出版社，1956

114. 王炳耀.拼音字谱.文字改革出版社，1956，影印

115. 王东杰.清末官绅推行切音字的努力与成效.《四川大学学报（哲学社会科学版）》2011年第4期

116. 王汎森、潘光哲、吴政上主编.傅斯年遗札（第2卷）.台北："中研院"历史语言研究所，2011

117. 王古鲁.言语学通论.世界书局，1930

118. 王力.漫谈方言文学.《岭南大学校报》第38期，1948年10月10日

119. 王照.官话合声字母.文字改革出版社，1957，影印

120. 魏建功（张洵如）."国语运动在台湾的意义"申解//国语问题小丛书（第一种）.台北现代周刊社印行.中国第二历史档案馆藏国民政府教育部档案.档案号：512301

121. 魏建功.魏建功语言学论文集.商务印书馆，2012

122. 我一.临时教育会议日记.《教育杂志》第4卷第6号，1912年9月

123. 吴汝纶.吴汝纶全集(第3册).黄山书社，2002

124. 吴亚伯.驳方叔远君《我之注音字母观》.《时事新报·学灯》1920年5月21日

125. 吴稚晖. 答评国音字典例言.《时事新报·学灯》1920年11月28日

126. 吴稚晖. 吴稚晖先生全集（第5卷）. 台北："中国国民党中央委员会党史史料编纂委员会"，1969

127. 吴敬恒（吴稚晖）等. 全国国语教育协会缘起（日期不明）. 中国第二历史档案馆藏国民政府教育部档案. 档案号：512294

128. 向楚等. 巴县志（第2册）. 台北：学生书局，1967，影印

129. 向在凇. 前川大文学院长向楚.《成都文史资料》总第19辑，1988年第2辑

130. 许宝蘅. 许宝蘅日记（第1册）. 中华书局，2010

131. 许维遹. 登州方言考略//清华大学中国文学会编《语言与文学》. 中华书局，1937

132. 颜惠庆. 颜惠庆自传：一位民国元老的历史记忆. 吴建雍、李宝臣、叶凤美译. 商务印书馆，2003

133. 杨芬、钱玄同（玄同）. 通信·方言文学.《国语周刊》第10期，1925年8月16日

134. 杨树达. 高等国文法. 商务印书馆，1984

135. 杨琼、李文治. 形声通. 文字改革出版社，1957，影印

136. 姚小平. 17—19世纪的德国语言学与中国语言学. 外语教学与研究出版社，2001

137. 俞正燮. 癸巳存稿//俞正燮全集（第2册）. 黄山书

社，2005

138. 乐嗣炳.国语辨音.中华书局，1928

139. 乐嗣炳.国语学大纲.大众书局，1935

140. 章太炎.驳中国用万国新语说.《民报》第21号，1908年6月10日

141. 章太炎.规新世纪（哲学及语言文字二事）.《民报》第24号，1908年10月10日

142. 章太炎.与人书//章太炎书信集.河北人民出版社，2003

143. 章振华.读《新方言》札记.《语文》第1卷第2期，1937年2月1日

144. 张公辉.论中国语将成为国际语.《国讯》第374期，1944年8月15日

145. 张士一.国语教育上的两大改革.《时事新报·学灯》1920年10月25日

146. 张士一.国语统一问题.《新教育》第3卷第4期，1920年

147. 张士一.国语问题和研究态度.《时事新报·学灯》1921年3月4日

148. 张士一.三论究竟怎样去统一国语.《时事新报·学灯》1922年5月14日

149. 张世禄.张世禄语言学论文集.学林出版社，1984

150. 张世禄.中国语音的演变与音韵学的发展.《新科学》

第 2 卷第 4 期，1940 年

151. 张奚若. 大力推广以北京语音为标准音的普通话.《语文学习》1955 年第 12 期

152. 张之洞. 輶轩语//张之洞全集（第 12 册）. 河北人民出版社，1998

153. 赵元任. 赵元任语言学论文集. 商务印书馆，2002

154. 正厂. 评《再论究竟怎样去统一国语》.《时事新报·学灯》1922 年 4 月 4 日

155. 中国第一历史档案馆编. 雍正朝汉文谕旨汇编（第 7 册）. 广西师范大学出版社，1999

156. 中国国民党中央执行委员会宣传部. 中国字的拉丁化运动应注意之点（1938 年 3 月 9 日）. 广东省档案馆藏民国时期广东省政府档案. 档案号：5247

157. 中华续行委办会调查特委会编. 1901—1920 年中国基督教调查资料（上卷）. 蔡咏春、文庸、段琦等译. 中国社会科学出版社，2007

158. "中研院"历史语言研究所编. 学术史与方法学的省思. 台北："中研院"历史语言研究所，2000

159. 周馥. 江督周奏推广简字半日学堂片.《大公报》1906 年 7 月 13 日

160. 周铭三. 国语问题的问答（二）.《时事新报·学灯》1921 年 1 月 30 日

161. 周铭三. 主张京音京语的·其二//朱麟公编《国语问

题讨论集》（第二编）.中国书局，1921

162. 周祖谟（祖谟）.说方音研究.《国语周刊》第 194 期，1935 年 6 月 15 日

163. 周作人.国语改造的意见.《东方杂志》第 19 卷第 17 号，1922 年 9 月 10 日

164. 朱希祖.朱希祖日记（上册）.中华书局，2012

165. 朱执信.广东土话文.《建设》第 2 卷第 3 号，1920 年 4 月

166. 朱自清.朱自清日记//朱自清全集（第 9 册）.江苏教育出版社，1998

167. 北大研究所国学门方言调查会宣言书.《北京大学日刊》1924 年 3 月 17 日

168. 本部三千号征文广告.《大公报》1910 年 11 月 6 日

169. 各省教育总会联合会第一次报告·统一国语方法案.《申报》1911 年 8 月 17 日

170. 广东省教育厅训令（第 366 号），1930 年 3 月 20 日.广东省档案馆藏民国时期广东省政府档案.档案号：5247

171. 广东省政府教育厅训令（云教社字第 48312 号），1944 年 6 月 23 日.广东省档案馆藏民国时期广东省政府档案.档案号：5223

172. 广东省政府训令（教字第 28150 号），1947 年 3 月 21 日.广东省档案馆藏民国时期广东省政府档案.档案号：5223

173. 福建省政府主席手令（1938年2月22日）. 福建省档案馆藏民国时期福建省政府档案. 档案号：11426

174. 国语教育讲演稿（1935年2月13日）. 北京市档案馆藏民国时期北平市政府社会局档案. 档案号：J2300302

175. 国语推行委员会常委会议记录（日期不明）. 中国第二历史档案馆藏国民政府教育部档案. 档案号：512295

176. 教育部公布读音统一会章程令//中国第二历史档案馆编《中华民国史档案资料汇编》（第3辑"教育"）. 江苏古籍出版社，1991

177. 教育部公函（1939年1月6日）. 中国第二历史档案馆藏国民政府教育部档案. 档案号：512290

178. 教育部通告.《政府公报》1920年第1465号，1920年3月13日

179. 教育部训令（参字第50122号），1945年10月4日. 广东省档案馆藏民国时期广东省政府档案. 档案号：5264. 又见陕西省档案馆藏国立西北大学综合卷. 档案号：675368

180. 教育普及自划一语言始.《大公报》1909年9月30日

181. 论统一国语之方法.《大公报》1910年11月30日

182. 论语言之必宜统一.《盛京时报》1910年4月14日

183. 署理四川提学使司呈详遵批传验蒲助孜暨详议简字拼音是否适用一案详册. 中国第一历史档案馆藏赵尔巽档案. 提取号87（缩微胶片），案卷号470

184. 述简字学堂办法.《中外日报》1906年3月22日

185. 台湾省国语运动纲领.《国语通讯》第 2 期，1947 年

186. 修正《国民学校令》第十三条第十五条.《教育公报》第 7 年第 2 期，1920 年 2 月 20 日

187. 学部分年筹备事宜清单.《申报》1909 年 5 月 3 日

188. 学部改订筹备教育之纲要.《申报》1911 年 2 月 13 日

学衡尔雅文库书目

第一辑书目

《法治》 李晓东 著

《封建》 冯天瑜 著

《功利主义》 李青 著

《国民性》 李冬木 著

《国语》 王东杰 著

《科学》 沈国威 著

《人种》 孙江 著

《平等》 邱伟云 著

《帝国主义》 王瀚浩 著

待出版书目（按书名音序排列）

《白话》 孙青 著

《共产主义》 王楠 著

《共和》 李恭忠 著

《国际主义》 宋逸炜 著

《国民/人民》 沈松侨 著

《国名》 孙建军 著

《进步》 彭春凌 著

《进化》 沈国威 著

《历史学》 黄东兰 孙江 著

《迷信》 沈洁 著

《民俗》 王晓葵 著

《启蒙》 陈建守 著

《群众》 李里峰 著

《人道主义》 章可 著

《社会》 李恭忠 著

《社会主义》 郑雪君 著

《卫生》 张仲民 著

《文学》 陈力卫 著

《无政府主义》 葛银丽 著

《现代化》 黄兴涛 著

《幸福》 谭笑 著

《营养》 刘超 著

《友爱》 孙江 著

《政治学》 孙宏云 著

《资产阶级》 徐天娜 著

《自治》 黄东兰 著

《祖国》 于京东 著

（待出版书目仍在不断扩充中）